891.6622
£3.75

BARGEN

BARGEN

Theatr Bara Caws

I'R GOLAU

Panel golygyddol y gyfres, a gynullwyd gan Gwmni Hwyl a Fflag:
Wyn Williams, Gareth Miles, Manon Eames, Iwan Llwyd, Myrddin ap Dafydd.

Golygydd ymgynghorol:
Elan Closs Stephens

Cynllun clawr: Alan Jones

Argraffiad cyntaf: Ionawr 1995

ⓗ *Theatr Bara Caws*

Rhif Llyfr Safonol Rhyngwladol:
0-86381-308-9

Cyhoeddwyd gyda chymorth Cyngor Celfyddydau Cymru.

Diolch hefyd i Linda Brown, Dyfan Roberts, Llew Williams
ac Arwel Roberts am eu cymorth.

Llun y clawr trwy garedigrwydd Archifdy Gwynedd.

Os am ganiatâd i berfformio'r ddrama hon, cysyllter â
Theatr Bara Caws, Uned A1, Stâd Cibyn, Caernarfon, Gwynedd.

Argraffwyd a chyhoeddwyd gan Wasg Carreg Gwalch,
Iard yr Orsaf, Llanrwst, Gwynedd.

☎ *(01492) 642031*

I'R GOLAU

Y flwyddyn oedd 1979. Roedd y Steddfod yng Nghaernarfon. Yng nghanolfan yr Urdd yng nghanol y dref, roedd 'na dyrfa o rhyw ddeucant yn gwylio cynhyrchiad o *Bargen* gan Theatr Bara Caws oedd wedi'i wasgu rhwng y pnawn a pherfformiadau'r nos. Eisoes, roedd y sibrydion a'r adolygiadau i gyd wedi canu'r clychau a gwyddai pawb fod rhywbeth arbennig, cwbl arbennig ar droed yn y theatr Gymraeg. Awr a hanner o berfformiad a gwireddwyd yr holl addewidion. Bymtheng mlynedd yn ddiweddarach, rwy'n dal i gofio'r emosiwn a'r tyndra a'r croen gŵydd a'r iasau a gerddai i fyny ac i lawr fy nghefn. Rwy'n dal i glywed y sniffian crio ymysg aelodau o'r gynulleidfa oedd wedi teimlo'r cyfan i'r byw. Rwy'n dal i gofio fod fy llygaid innau'n llawn.

Wrth adrodd stori'r chwarelwr, nid creu drama o ddigwyddiad hanesyddol a wnaeth y cwmni. Roedd wedi cyffwrdd â nerf ein bod fel pobl. Rhan o fytholeg byw ein cof fel pobol oedd y stori; rhan o chwedl ein creu yn y ganrif hon. Nid cerdded y 'plancs' a wnai'r cast, ond troedio tir yr enaid; nid creu cymeriadau a llunio golygfeydd ond ail-fyw ein hen fywyd. Roedd y gynulleidfa yno ar y llwyfan gydol yr amser.

Daeth y cyfrwng a'r gymdeithas yn un a doedd trimings a thinsel ymweliad â theatr ddim yn cyfri. Pwy oedd yn poeni am y gwin gwyn yn y cyntedd, y seddau cysurus a'r tshioc-eis hanner amser? Theatr wahanol oedd hon, theatr oedd yn rhan o gymdeithas, yn bodoli er mwyn y gymdeithas honno, yn ddrych o orfoledd a chreithiau'r gymdeithas honno. Doedd dim ras-matás cefn llwyfan doedd dim prif actor a llyfrau llofnodion ond criw diwyd, tawel yn gwneud eu gwaith ac yna'n ymuno â'u cynulleidfa am baned a sgwrs ar ôl y perfformiad.

Dros nos, aeth y theatrau mawr modern o frics a choncrit a godwyd ar sawl campws prifysgol yn ystod y saithdegau i edrych fel atomfeydd niwclear ar ôl y chwyldro gwyrdd. Nid racs o lampau ac acer o lwyfan na seddau wedi'u rhifo oedd theatr wedi'r cyfan, ond trydan rhwng criw o actorion a'r rhai oedd wedi ymgynnull. Daeth hanfodion doniau'r cyfrwng i lygad y cyhoedd a dyma gychwyn cyfnod o ddatblygu, o arbrofi, o weithgaredd theatrig amrywiol, o gwmnïau amryddawn a mwy o ddramodwyr a thechnegwyr nag a welwyd erioed o'r blaen yn hanes y theatr Gymraeg.

Roedd 'na newid yn y gwynt ers tro, wrth gwrs. Nid ar amrantiad yr oedd cyrraedd y fath aeddfedrwydd, ond hwnnw oedd yr un perfformiad oedd yn drothwy cyfnod newydd yn hanes y theatr Gymraeg. Erbyn heddiw, mae cenhedlaeth wedi codi na welodd, na deimlodd y perfformiad hwnnw. Mae rhan o'r wefr wedi'i dal rhwng cloriau'r gyfrol hon a'n gobaith ni oll yw y bydd y ffaith fod y sgript yn gweld golau dydd yn fodd ac yn anogaeth i gwmnïau eraill ei ddefnyddio a'i llwyfannu eto.

Mae traddodiad theatrig yn rhywbeth i'w drysori. Heb ailflasu'r clasuron, ar glawr neu ar goedd, cychwyn o ddim y bydd pob awdur a phob cwmni. Dyna pam ein bod mor awyddus i gyhoeddi'r gyfres hon o ddramâu cyfoes. A dyna pam mai *Bargen* oedd ein dewis ar gyfer y ddrama gyntaf i ddod i olau dydd.

Myrddin ap Dafydd

Rhagarweiniad

Perfformiwyd *Bargen* mewn neuaddau pentref a neuaddau ysgol a chapel ar hyd a lled Gwynedd yn ystod Chwefror 1979. Yr actorion oedd Dyfan Roberts, Myrddin (Mei) Jones, Elliw Haf, Valmai Jones a J.O. Roberts. Catrin Edwards oedd yn drefnydd cerdd a rheolwr llwyfan, Iola Gregory yn cynhyrchu ac Alwyn Ifans yn drefnydd y cwmni. Darlledwyd ffilm gan Wil Aaron ar Fawrth 1af 1980 ar HTV yn olrhain hanes y cwmni wrth iddynt gyd-ddyfeisio a chynhyrchu'r perfformiad. Dilynwyd hynny gan ddarllediad radio o'r sioe gyfan ar y rhaglen *Llwyfan*, nos Sul, 6ed o Fai ar y BBC. Gwnaed y cyfan ar grant prosiect bychan gan Gyngor y Celfyddydau ond sicrhaodd llwyddiant *Bargen* a'r ail sioe *Hwyliau'n Codi* (a lwyfannwyd yn Hydref 1979) ddigon o enw da i'r cwmni iddynt dderbyn grant cwmni yn 1980 a pheth arian gan is-bwyllgor Addysg Gwynedd.

Mae gen i gof personol o weld *Bargen* a sylweddoli fel llawer adolygydd o'r cyfnod fod dydd newydd wedi gwawrio yn y Theatr Gymraeg. Roedd yma egni a chyflymder a hiwmor, llinell blot syml a neges glir. Ynghlwm wrth y cyfan roedd adnabyddiaeth o aberth ac o galedi, o ddagrau pethau i'r dosbarth gweithiol — i dad a thaid y rhan fwyaf o'r gynulleidfa yn yr ardaloedd chwarelyddol lle teithwyd y sioe. Oherwydd fod gan y gynulleidfa adnabyddiaeth o'r pwnc ac adnabyddiaeth o'i dosbarth, roedd hi'n bosibl hefyd gweld sioe a gychwynnodd yn ddigri ac ysgafn yn creu emosiwn gwirioneddol cyn diwedd y perfformiad. 'Roedd llygaid pawb o'r gynulleidfa yn llaith at y diwedd,' meddai Eifion Glyn yn *Y Cymro* am sioe y cwmni yn y Waunfawr. 'Chwip o berfformiad serch hynny.'

Roedd nifer o'r grŵp yn cynnwys Dyfan Roberts a Valmai Jones wedi gweithio cyn hynny tu mewn i fframwaith Cwmni Theatr Cymru a arweiniwyd er 1965 gan Wilbert Lloyd Roberts. Tyfodd y dyhead i greu theatr fwy radical o ran cynnwys ac arddull a dyna arwain at ffurfio Theatr Bara Caws.

Mae enw'r cwmni yn arwyddocaol ynddo'i hun; mae'n werinol,

yn faethlon ac yn syml. Ffurfiwyd y cwmni ar linellau cydweithredol. Ethos grwpiau o'r fath wrth gwrs yw cyd-ddyfeisio sgript yn hytrach na chynhyrchu dramâu oedd yn bod yn barod, ac mae'r sustem honno wedi parhau o fewn Theatr mewn Addysg ac o fewn Theatrau Cymuned tros y pymtheg mlynedd diwethaf. Mae ethos y grwpiau hefyd yn eu harwain i fod yn ddemocrataidd o ran strwythur: nid oes sêr na chyflogaeth sydd yn gwahaniaethu rhwng actorion. Yn aml iawn, nid oes cyfarwyddwr penodol ond yn hytrach sustem o gyd-drafod a ddisgrifir gan John McGrath (arweinydd grŵp cymuned 7:84 yn yr Alban) fel sustem angenrheidiol ond poenus o hirwyntog. Perfformid gan grwpiau o'r fath mewn neuaddau pentref o ddewis athronyddol gan eu bod yn gwrthwynebu agwedd fwrgeisiol cynulleidfaoedd y theatrau proffesiynol.

Bargen oedd drama gyntaf y grŵp newydd ac roedd iddi nodweddion a fyddai yn ei huniaethu â hanes y ddrama radical, aden chwith ledled Ewrop yn ystod yr ugeinfed ganrif.

Nodweddion
1. Rhediad episodig — sgetsus byrion
2. Ymwybyddiaeth o ryfel dosbarth
3. Llinell stori glir a chymeriadaeth syml
4. Cymysgedd o ffeithiau dogfennol a dychmygol
5. Amrywiaeth cynnwys — caneuon a dialog yn gymysg
6. Anerchiadau uniongyrchol i'r gynulleidfa
7. Pwnc sydd yn berthnasol i'r gynulleidfa
8. Lleoliad llwyfannu sydd ddim yn fwrgeisiol ei naws.

Yn ystod y ganrif hon, ceir nifer o fudiadau cydweithredol sydd yn ceisio tynnu'r theatr yn ôl o gyflwr o fwynhad emosiynol wedi ei anelu at nifer ddethol o'r dosbarth canol. Yn hytrach, mynn y grwpiau cydweithredol bod yn rhaid i theatr fod yn berthnasol i'r dosbarth gweithiol, yn fodd o greu difyrrwch iddynt a dealltwriaeth o'u cyflwr. Byddai'n fuddiol i edrych ar y cyd-destun ehangach, efallai, os ydym am weld *Bargen* a'r cwmni Bara Caws fel enghraifft o waith sosialaidd.

Rwsia: Meyerhold a Chwmni'r Crys Glas

Mae hi'n anodd i ni heddiw sydd mor gyfarwydd â'r Almaen fel cartref ffasgaeth, ac yn gyfarwydd â Rwsia dotalitaraidd, sylweddoli cymaint o weithgarwch ffres, sosialaidd, radicalaidd oedd yn y ddwy wlad yn nau ddegawd cyntaf y ganrif hon. Cyfrannai artistiaid a chynhyrchwyr tuag at waith y chwyldro sosialaidd gan geisio torri i lawr y mur rhwng y celfyddydau fel rhywbeth cain ac elitaidd, ac eitemau defnyddiol at waith bob dydd.

Yn Rwsia, o fewn mis i'r Chwyldro Comiwnyddol yn Hydref 1917, yr oedd un o brif gynhyrchwyr y wlad, *Vsevolod Meyerhold* (1874-1940) wedi uniaethu ei hun yn llwyr gyda'r Bolsheficiaid gan ddod yn aelod o'r Blaid Gomiwnyddol. Yn 1920, roedd wedi cymryd trosodd Theatr Sohn ynghanol Moscow gan lwyfannu drama o'r enw *Y Wawr* gan Emile Verhaeren sy'n sôn am chwyldro'r proletariat. Roedd y theatr yn dlodaidd, y plastar yn cracio, rhai o'r seddi wedi torri, y cyfan yn fwriadol yn atgoffa rhywun o neuadd bentref yn hytrach na theatr. Roedd mynediad am ddim; crogwyd posteri gwleidyddol o'r waliau a daeth cawod o daflenni gwleidyddol i lawr o'r nenfwd ar y gynulleidfa.

O fewn pythefnos i agor y cynhyrchiad, stopiodd un actor ynghanol ei berfformiad i roi'r newyddion fod y Fyddin Goch wedi ennill buddugoliaeth yn y Crimea ym Mrwydr Perekop. Wrth i'r banllefau o gymeradwyaeth ostegu, daeth llais solo o'r llwyfan yn canu 'Syrthiasoch fel Merthyron' un o anthemau'r Chwyldro. Safodd y gynulleidfa mewn tawelwch, yna ailgydiwyd yn y ddrama am frwydr y proletariat. Roedd Meyerhold wrth ei fodd yn gweld y muriau'n diflannu rhwng bywyd a chelfyddyd, a chelfyddyd yn ei dro yn troi yn arf i'r gynulleidfa ddeall eu hanes.

Yn ugeiniau'r ganrif hefyd yn Rwsia, cafwyd grŵp cydweithredol enwog y Crys Glas, oedd yn teithio i bellafoedd y wlad. Grŵp '*agit-prop*' yw'r term am grwpiau o'r fath — '*agitation and propaganda*'. Rhennid y cynhyrchiad yn sgetsus byrion gyda phwyntiau gwleidyddol iddynt. Rhwng y sgetsus, ceid caneuon ac areithiau wedi eu hanelu'n uniongyrchol at y gynulleidfa. Nydda'r caneuon a'r golygfeydd trwy'i gilydd heb lawer iawn o blot yn aml i'w dal at ei gilydd. Prif bwrpas y theatr 'agit-prop', a gyplysid yn aml â phlaid wleidyddol, oedd anog gweithredu yn uniongyrchol; er enghraifft streicio yn erbyn colli cyflog. Yn wahanol i ddramâu Meyerhold, ac yn wahanol i Bargen o ran hynny, roedd gweithred wleidyddol benodol i fod i ddeillio o'r perfformiad.

Yr Almaen: Piscator a Brecht

Cafwyd syniadau tebyg i rai Meyerhold a'r Crys Glas yn yr Almaen, ac yno, yn annisgwyl i ni heddiw efallai, y tybid y byddai'r Chwyldro Comiwnyddol nesaf ar ôl un Rwsia. Daw dau enw enwog i'r amlwg yn y theatr radical sef Erwin Piscator (1893-1966) a Bertolt Brecht (1898-1956). Wrth gyflwyno ei gwmni newydd yn y *Proletarisches Theater* (enw addas!), geilw Piscator ar i gyfarwyddwyr ei Theatr anelu

> ' . . . am glirdeb mynegiant, symylrwydd strwythur ac effaith glir a di-amwys ar deimladau y dosbarth gweithiol. Rhaid gorseddu amcanion y chwyldro uwchben amcanion artistig; rhaid rhoi'r pwyslais yn gwbl ymwybodol ar greu dealltwriaeth o'r frwydr dosbarth.'

Go brin y byddai awduron cymeriad Lord Penrhyn yn *Bargen* yn anghytuno â hynny.

Yn 1921, creodd Piscator y *Revenue Roter Rummel* (yr RRR) sef y Rifiw Coch gan deithio i wahanol neuaddau ym Merlin cyn yr etholiad er mwyn atgyfnerthu'r ymdeimlad o annhegwch dosbarth. Roedd y rifiw yn gymysgedd o sgetsus, cerddoriaeth, caneuon, dawns, gymnasteg a thagluniau. Cadwynwyd y cyfan at ei gilydd gan bresenoldeb dau comperea, un yn ddi-waith a'r llall yn gigydd bwrgeisiol blonegog. Arhosai'r ddau ar y llwyfan gydol y perfformiad gan gynnig sylwadau ar y digwyddiadau o ddau wahanol safbwynt. Unwaith eto, anelai Piscator at effaith gwleidyddol:

> ' . . . hyderwn y byddwn yn cael effaith bropagandaidd mwy grymus na'r hyn oedd yn bosib gyda dramâu confensiynol lle mae strwythur cymhleth yn arwain y gynulleidfa tuag at ddehongli yn seicolegol yn unig . . . '

Er i'r ddrama ddenu cynulleidfaoedd a chael cryn lwyddiant, rhaid amau ei heffeithlonrwydd fel cyfraniad i'r etholiad; wedi'r cwbl, syrthiodd pleidlais y KPD (y Blaid Gomiwnyddol) a chollasant draean o'u seddi yn y Rheichstag! Serch hynny, ôl-effaith y rifiw oedd twf aruthrol mewn cwmnïau tebyg ar hyd ac ar led yr Almaen.

Yn 1925, llwyfannodd rifiw arall *Trotz Alledem!* (*Er Gwaethaf Popeth*) sydd yn gymysgedd o'r ffeithiol dogfennol a ffug gymeriadau'r dychymyg. Y mae nodiadau Piscator ar y perfformiad yn ddiddorol iawn pan feddyliwn am dystiolaeth cynulleidfaoedd *Bargen* fod y profiad yn gallu bod yn ysgytwol ac emosiynol:

> . . . Pan berfformiodd yr actorion y pleidleisio gan y Sosialwyr Democrataidd ar Fenthyciadau Rhyfel, a dilyn hynny yn syth gan ffilm o feirwon cyntaf y rhyfel, fe wnaed y pwynt gwleidyddol yn glir ond rhoddodd y cyfan hefyd brofiad ysgytwol emosiynol i'r gynulleidfa — mewn gair, crewyd celfyddyd. Yr hyn a ddaeth yn amlwg oedd fod propaganda gwleidyddol effeithiol yn dod o'r un ffynhonnell a'r ffurfiau celfyddydol mwyaf aruchel.

Cydnabyddodd Brecht ei ddyled i Piscator, er ei fod o am ddatblygu strwythur dramatig a ffordd o actio tra gwahanol. Yn ei erthyglau a'i lyfrau ar theori ddramatig, pwysleisiai drwy'r amser na ddylai'r gynulleidfa grogi ei ymennydd ar y peg efo'i cotiau. Disgrifia gynulleidfa nodweddiadol fel grŵp o bobl yn eistedd yn gyfforddus mewn tywyllwch cynnes yn edrych ar lwyfan goleuedig fel pe baent wedi eu mesmereiddio. Ôl-effaith hyn yw creu ymateb cwbl emosiynol a chredu fod digwyddiadau'r ddrama wedi bod yn gwbl anochel. Yr hyn oedd yn hollbwysig i Brecht oedd fod ei ddramâu yn dangos yn gwbl eglur na ddylai unrhyw beth fod yn anochel — y mae yna ffyrdd eraill i ni fyw ein bywydau, ffyrdd nad ydym yn cael y cyfle i'w troedio.

Wrth drafod un o'r dramâu *Lehrstuck* (Dramâu i Addysgu), sef *Y Fam*, mynegodd Brecht mai:

> ' . . . nod y theatr *agit-prop* oedd creu gweithred benodol megis streic, ond bwriad *Y Fam* yw mynd ymhellach a dysgu

tactegau y rhyfel dosbarth. Roedd y ddrama yn dangos pobl real yn mynd trwy broses o ddatblygiad a stori wirioneddol yn rhedeg drwy'r ddrama — ac mae hyn ar goll fel rheol yn y theatr *agit-prop*.'

Wrth fynnu fod ei gynulleidfa yn eistedd mewn neuaddau, gyda'r golau mlaen, yn gwylio dramâu oedd yn gymysgedd o ganu, o dafluniau, o'r ffeithiol a'r ffug ac o areithiau uniongyrchol, bwriad Brecht oedd creu cynulleidfa oedd yn mwynhau ond hefyd yn asesu eu sefyllfa.

Dylanwad ar Brydain

Ar ôl i Brecht farw yn 1956 a phan gafwyd cyfnod o densiwn yn yr Almaen yn dilyn y gwrthryfel yn Hwngari, teithiodd ei gwmni, y Berliner Ensemble, i Ewrop ar daith estynedig. Er na ddeallwyd ei fwriad gan lawer o adolygwyr, roedd effaith tymor-hir yr ymweliad ar theatr y chwedegau yn bellgyrhaeddol. Un o'r rhai a groesawodd ymweliad y cwmni oedd Joan Littlewood oedd wedi sefydlu y *Theatre Workshop* yn 1945 efo Ewan McColl. Joan Littlewood oedd yn gyfrifol am waith y *Theatre Royal* yn Stratford East a hi ddyfeisiodd *Oh What a Lovely War*. Gwelir hwn erbyn hyn yn gynhyrchiad cwbl allweddol, yn gymysgedd o episodau byrion, egni a hiwmor, caneuon ac areithiau uniongyrchol a chymysgedd o ffeithiau a dychymyg. Yng ngeiriau Carl Weber, aelod o'r Berliner Ensemble, roedd y cyfan yn ran o ' . . . lanhau'r llwyfan o'r celwydd melus sy'n rhwystro dyn rhag gweld y byd fel ag y mae.'

Mewn cyfweliad yn *Y Cymro* (Ionawr 22, 1980) daeth Myrddin Jones a Valmai Jones o Gwmni Bara Caws yn agos iawn at safbwynt Joan Littlewood trwy ddatgan mai 'Nid ffyr, *minks* a bocsys siocled ddylai'r theatr fod.' Yr oedd ymweliad â Stratford East yn dangos cynulleidfa leol o bobl gyffredin o bob hil ac athrawon ifanc blinedig ar ei cythlwng, i gyd yn mynychu theatr ar ryw lain ddiffaith yn agos i glwb ffwtbol enwog. Purion i ni gofio, fel cynulleidfa Gymreig, fod yna ddosbarth gweithiol Saesneg nad oes a wnelo ddim oll â'r West End. Roedd y mwynhad yn amlwg ar eu hwynebau ac yn y siarad uchel, cynnes yn y bar.

Y mwynhad yma oedd dan sylw gan Mei Jones yn yr un cyfweliad yn *Y Cymro*: 'Y peth dwytha ydan ni ishio'i glwad ydi — ia, dwi'n gweld y neges, neges gry', ond o! mi oedd hi'n boring.' Ac mi fyddai Joan Littlewood wedi llwyr gytuno â hyn:

> 'Drama i mi ydi be ma' plant ysgol yn wneud ar gyfer Lefel O ac A a myfyrwyr yn y coleg. Dwi'n gwybod bod hyn yn swnio'n rhodresgar iawn — ond theatr 'dan ni'n drio'i wneud. Peth mewn llyfr i mi ydi drama.'

John McGrath

Mae hi'n amlwg erbyn hyn mai o gyfeiriad gwleidyddol y daw y symudiad at ffurf arbennig o theatr. Mewn geiriau eraill, ymgais i greu ymwybyddiaeth o'r rhyfel dosbarth yw'r symudiad tuag at dorri ar rith emosiynol y ddrama fwrgeisiol. I'r gwleidyddol ymwybodol, yr un un yw ffurf a chynnwys o ran ei effaith ar y gynulleidfa ac ni ellir newid un heb newid y llall.

Yn ei lyfr dylanwadol iawn *A Good Night Out* (1981) ffrwyth cyfres o ddarlithoedd a roddwyd yng Nghaergrawnt dan wahoddiad Raymond Williams, mae John McGrath yn trafod y pwyslais ar y rhyfel dosbarth tu mewn i'r ddrama:

> Y mae buddiannau'r dosbarth gweithiol yn gwbl wahanol i fuddiannau'r grŵp sy'n rheoli ac sydd angen mwy o gynnyrch am lai o arian er mwyn cystadlu yn y farchnad ryngwladol. Y mae'r dosbarth gweithiol ym Mhrydain wedi dangos ei wrthwynebiad i'r drefn hon y rhan fwyaf o'r amser trwy ofyn am arian, gofynion ariannol syml sydd wedi helpu i godi safon byw gweithwyr a'u teuluoedd. Ond y mae yna ffurfiau eraill o dlodi ac o ecsploitio sydd yn cadw'r dosbarth gweithiol i lawr ac yn cadw strwythur dosbarth ar gyfer cyfalafiaeth. Y mae angen datblygu'r dosbarth gweithiol o ran agweddau cymdeithasol, gwleidyddol a diwylliannol tuag at aeddfedrwydd a hegemoni a fydd rhyw ddydd yn arwain at gymdeithas ddi-ddosbarth. Y mae gan ffurf arbennig a gwrthwynebus (*oppositional*) o theatr ran allweddol i'w chwarae yn y datblygiad hwn . . .

Er mwyn creu'r theatr hon sydd yn dweud y stori o berspectif gwahanol, mewn iaith y gall grŵp gwahanol o bobl ei deall h.y. i greu ffurf dosbarth gweithiol o theatr addas i ddiwedd yr ugeinfed ganrif, y mae'n rhaid i ni edrych ar iaith difyrrwch dosbarth gweithiol i weld pa fath o iaith yw hi.

Wrth gynnig ei restr ei hun y mae John McGrath yn nodi:
1. Uniongyrchedd
2. Comedi elfennol gref yn hytrach na chomedi ddeallusol
3. Emosiwn cryf
4. Amrywiaeth
5. Effaith cryf drwy bob rhan penodol o'r perfformiad
6. Perthnasedd
7. Agweddau lleol
8. Eidentiti — hunaniaeth y gynulleidfa.

Wrth restru ei brif bwyntiau, cyfeiria John McGrath hefyd at leoliad gan bwysleisio'r angen i dynnu allan o'r theatrau bwrgeisiol. Dyfynna'r awdur a'r comediwr Dario Fo o'r Eidal, gŵr sydd wedi gweithio o fewn traddodiad comedi gan dynnu ar waith y *commedia dell'arte:*

> Cynyddodd ein cynulleidfa gyda phob perfformiad. O 1964-68 ein Swyddfa Docynnau ni oedd yr uchaf ei gwerthiant o holl theatrau'r Eidal er bod ein prisiau ni yr isaf yn y wlad. Sylweddolais fod . . . y dosbarth bwrgeisiol yn mwynhau cael chwip din . . . Roedd ei chwipio yn gwella eu cylchrediad yn union fel gwialen fedw ar ôl *sauna.* Mewn geiriau eraill roeddem wedi tyfu'n Ffŵl y Llys i ddosbarth blonegog a deallus . . .

> Roedd yn rhaid i ni roi ein gwasanaeth yn gyfangwbl i'r dosbarth a ecsploitwyd a thyfu'n Ffŵl i'r dosbarth gweithiol. O ganlyniad roedd yn rhaid gweithio tu mewn i'r strwythurau a grewyd gan y dosbarth gweithiol. Dyna pam y symudasom i glybiau'r gweithwyr.

John McGrath, wrth gwrs oedd un o sylfaenwyr y cwmni cydweithredol 7:84 yn 1971. Rhwng 1973 a 1975 perfformiwyd drama'r cwmni *The Cheviot, The Stag and the Black Black Oil* yn yr

Alban yn gyffredinol ond yn bwysicach oll yng Ngogledd yr Alban, yr Hebrides a'r Orkneys lle roedd problemau cyfalafol y cwmnïau oel yn gadael eu hôl ar y gymdeithas yn ddigamsyniol. Cyhoeddwyd y ddrama sydd yn gymysgedd o ganeuon ac areithiau uniongyrchol. Cynigir cymhariaeth gan John McGrath o ffurf y ddrama a ffurf y Celidh yn yr Alban a'r Noson Lawen yng Nghymru gan nodi fod y ffurf theatrig aden chwith newydd yn perthyn yn nes at ffurfiau cenedlaethol traddodiadol y werin bobl na'r ddrama ddwyawr fwrgeisiol.

Y Traddodiad Cymraeg

Yn ogystal â ffurf y Noson Lawen y cyfeirir ati gan John McGrath, y mae yng Nghymru ffurf ddramatig arall sydd yn ffurf radical sef ffurf yr anterliwt. Yn amlwg ddigon, ceir yn *Bargen* ffurf ddramatig sydd yn rhan o symudiad y saithdegau tuag at waith amgen i'r theatr gonfensiynol fwrgeisiol. Adlewyrchir ynddi hefyd rhai o nodweddion dramatig Thomas Edwards, Twm o'r Nant (1738-1810) a'i anterliwtiau megis *Tri Chryfion Byd*. Yn y rhain ceir caneuon, jôcs cymdeithasol, ymwybyddiaeth gref o ddosbarth a'r cymysgedd o gymeriadau haniaethol a naturiol yn ogystal â'r arferiad o annerch y gynulleidfa yn uniongyrchol.

Y gwir ydi ein bod ni, trwy dderbyn dylanwadau Ewropeaidd a Phrydeinig ein cyfnod, yn dod adref at draddodiad a ddibrisiwyd. I rai, nid oes gan Gymru draddodiad theatrig nes adeiladu theatrau proffesiynol. I gwmni fel Bara Caws, fel i unigolion megis John McGrath, theatr fwrgeisiol yw honno. Y mae'r tradodiad amgen yn tynnu ar elfennau dosbarth gweithiol er mwyn addysgu'r werin bobl am eu cyflwr. Yn y traddodiad gwerinol o ddifyrrwch a dysg a pherthnasedd pwnc i'r gynulleidfa, traddodiad sydd yn agos iawn at y theatr amgen, y mae i Dwm o'r Nant le anrhydeddus os ychydig yn hirwyntog at ein dant ni heddiw. Y mae yna wersi pwysig i ddysgu i'n theatr yn y modd y tra-orseddir dramâu llenyddol cyhoeddiedig ar draul traddodiad y theatr werinol. Yn *Y Faner*, Tachwedd 23, 1979, y mae Myrddin ap Dafydd yn gwneud y cysylltiad yn eglur:

O fewn powliad olwyn drol i dafarn y Foelas, lle'r arferai

16

Twm berfformio'i anterliwtiau yn y ddeunawfed ganrif, gorwedd pentref Ysbyty Ifan ym mlaenau Dyffryn Conwy. Mae'r ddau'n agos mewn ystyr wahanol i filltiroedd yn unig, oherwydd yno y perfformiodd Theatr Bara Caws eu cyflwyniad diweddaraf, *Hwyliau'n Codi*, ddechrau'r mis hwn. Fel yng nghyfnod Twm, criw o actorion a cherddorion proffesiynol ydi'r rhain yn dewis ymweld â'u cynulleidfa-oedd ar eu haelwydydd eu hunain am eu bod yn anniddig ynglŷn â'r duedd i feddwl am y theatr yn nhermau moethusrwydd yn unig.

Bargen

O osod *Bargen* yn ei chyd-destun theatrig a radical, gwelwn fod y ddrama'n cynnig inni batrymau amlwg sy'n perthyn i strwythur y ddrama radical. I ddechrau, ystyriwn leoliad y ddrama. Lleolwyd *Bargen* mewn neuaddau pentref. Yn aml roedd y cwmni'n codi tâl sefydlog gan adael y trefnwyr lleol wedyn i gadw unrhyw elw at achos da. Roedd hyn yn fodd o doddi i mewn i weithgarwch naturiol yr ardal, yn cadw rhag eu ecsploitio er mwyn elw ac yn drydydd yn galluogi'r pentref i gyrraedd rhyw amcan arbennig ('*empowerment*' yw gair y funud).

Llwyfannwyd y perfformiadau hyn yn y gogledd fel rheol, ac i bentrefwyr megis rhai Bethesda neu Dalysarn, roedd y cyfan yn rhan o draddodiad y chwareli. Yn yr ystyr hon, roedd y dramâu yn cynnwys un o'r egwyddorion sylfaenol, sef eu bod yn *berthnasol* i'w cynulleidfaoedd. Serch hynny, nid yw pentrefwyr yr ardal wedi dysgu digon o wersi gwleidyddol o'u sefyllfa. Cynrychiolir hwy yn y ddrama gan y Gŵr a'r Wraig sydd yn gosod y fframwaith gychwynnol i'r ddrama yn yr Ocsiwn. Ydynt, maent â diddordeb yn eu hanes ond nid oes undyn mewn ysgol na theatr wedi egluro iddynt arwyddocâd eu gorffennol. Gwyddant fod y llun o'r 'Pennant Lloyd Agreement' ym mhob tŷ ar un adeg, ond ni wyddant ystyr yr 'Agreement' na'i arwyddocâd i'w bywydau. O ganlyniad, y mae dosbarth gweithiol sydd heb adnabod ei orffennol yn gorfod ei ail-fyw gyda'i feistri cyfalafol. Wrth iddynt gydio yn nyddiadur Wiliam, fe'n uniaethir ni fel cynulleidfa gyda'u diffyg cof a'u diffyg deall. O ganlyniad, er bod ffrâm y ddrama yn edrych yn ddigrif ac yn ysgafala, y mae'n ateb pwrpas pwysig y ddrama ac yn helpu i wneud inni sylweddoli 1) ein bod wedi anghofio'r aberth; 2) nad oedd yr un system addysg na chynhyrchiad theatrig wedi ein hatgoffa.

Y mae *uniongyrchedd* y perfformiad yn amlwg: yn ôl y diffiniad a ddefnyddiwyd gennym o theatr wleidyddol, nid yw'n nod gan theatr o'r fath i ddatblygu'n gymeriadaeth seicolegol. Yn wir, byddai hynny'n llesteirio uniongyrchedd y neges economaidd. Afraid felly yw beirniadu'r ddrama am beidio rhoi inni bortread mwy cymhleth o Lord Penrhyn neu hyd yn oed Wiliam a Richard, gan mai eu harwyddocâd fel cynrychiolwyr dosbarth sydd yn bwysig, y naill fel y gorthrymwr cyfalafol a'r lleill yn cael eu gwthio gan amgylchiadau i fradychu cyfeillgarwch.

Portread dau-ddimensiwn yw'r portread o Lord Penrhyn. Cysylltir ei ormes economaidd ag agweddau o ormes rhywiol at ei wraig (*'Bed!'*) a gormes gorfforol pan ddyhea am roi chwip din i'w weithwyr megis y gwna ei ferch i'w doliau. Agwedd arall ar ormes yw hiliaeth, a phortreadir Penrhyn yn hiliol tuag at genhedloedd eraill — y mae'n arwyddocaol fod ei deulu wedi gwneud peth o'i ffortiwn ar draul y Trydydd Byd — a phrin bod angen dweud wrth gwrs nad yw erioed wedi breuddwydio am feistroli'r Gymraeg. Ar yr olwg gyntaf, ymddengys y portread o Richard a Wiliam yn llawer mwy cydymdeimlol, ond o edrych yn fanylach nid oes yma chwaith na gwybodaeth fanylach na chymhlethdod seicolegol. Amgylchiadau sydd yn tynnu pawb y naill ffordd neu'r llall ac yn rhoi amrywiaeth iddynt, yn hytrach na dehongliad o'u meddylfryd mewnol.

Yn ogystal ag uniongyrchedd plot, ceir yma *uniongyrchedd neges*. Cyfleir hyn fwyaf pendant pan erys Wiliam a Lord Penrhyn, y naill bob ochr i'r llwyfan yn rhoi inni ystadegau am elw cymharol a chyflog gweithwyr ac yna yn y diffyg dealltwriaeth sylfaenol sydd yn arwain at alw'r fyddin. Ceir yma wrth gwrs gymysgedd o'r ddogfen ffeithiol a'r dychmygol: cynrychiolwyr dychmygol eu hoes yw Wiliam a Meri ond y mae'r ystadegau ariannol a dyddiadau'r streic yn ogystal â'r gyfeiriadaeth at Lloyd George a'r

Rheolwr Mr Young yn rhoi crynodeb o brif ffeithiau Chwarel y Penrhyn. Ar ddiwedd y Rhagarweiniad, ceir crynodeb o hanes streic y Penrhyn sydd yn dangos pa mor drylwyr yw'r ymchwil ar gyfer *Bargen*.

Yn y ddrama, ceir *amrywiaeth mynegiant* sef un o gonglfeini athronyddol y syniad o ddrama dosbarth gweithiol. Gwelir ffrâm y presennol yn toddi i'r gorffennol, ceir deialog caneuon perthnasol, dyddiaduron, areithio i'r chwarelwyr, areithio uniongyrchol, sgetsus o densiwn dramatig, y llythyrau, ac yn olaf wrth gwrs y ffrâm yn ail-ymddangos i'n plethu i'r digwyddiadau a'n gollwng yn ôl i'r presennol.

Ar ben hyn, cynigir *difyrrwch* i'r gynulleidfa o gyflymder y llif digwyddiadau a'r ffaith fod pob actor yn cymryd mwy nag un rôl e.e. y Wraig yn Golygfa Un sydd hefyd yn dod yn ôl mewn gwisgoedd moethus fel Lady Penrhyn. Hyd yn oed pe bai cwmni efo digon o arian i lwyfanu'r ddrama hon gydag actor ar gyfer pob rôl, byddai'n fuddiol actio mwy nag un cymeriad er mwyn cynnal y ffaith mai *actio* sydd yma. Mewn geiriau eraill, nid uniaethu â Wiliam neu Meri yw'r nod ond atgoffa ein gilydd o'r gorffennol.

Yn olaf, un o brif nodweddion y cynhyrchiad yw ei *emosiwn*. Nid pawb fyddai'n tybio y gallai rhyfel dosbarth greu y fath ddyfnder o emosiwn. Rhaid atgoffa ein hunain fodd bynnag fod y gwrandawyr yn perthyn i genhedlaeth a welodd eu tadau a'u teidiau yn mygu i farwolaeth o ran silicosis a'r diweithdra a achoswyd yn sgil hynny. Mae'n bwysig cofio nad yw emosiwn yn cael eu creu gan gelfyddyd gain yn unig ond gan gelfyddyd boblogaidd.

Asesir gwerth y ddrama gymunedol gan ddyfyniad o eiddo Valmai Jones, sydd, i mi yn rhan o roi gwerth ar eu holl deithiau ar nosweithiau gwlyb digysur.

> Yn bersonol, roeddwn i wedi mynd i deimlo mai rhywbeth diffrwyth di-rym oedd bod yn actor. Na, doedd yna ddim rhan iddo fo o fewn cymdeithas, ac roeddwn i'n teimlo'n ddigon annifyr nad oedd neb yn fy nabod i ym Methesda. Dipyn o ffrîc o'n i — be 'dach chi'n wneud felly, — actio. Cywilydd ei ddeud o . . . Ond wedyn ar ôl sefydlu Bara Caws mae pobl yn gwybod pwy ydw i. Sdim rhaid i mi esgusodi'n

hun. Dwi'n rhan o gymdeithas — yn rhoi gwasanaeth i gymdeithas.

Cefndir Hanesyddol y Ddrama

Seiliwyd y nodiadau ar lyfr ardderchog Merfyn Jones, *The North Wales Quarrymen 1874-1922* ac ar arolwg Jean Lindsay *A History of the North Wales Slate Industry*. Hoffwn ddiolch i Merfyn Jones am ei barodrwydd i roi caniatâd i mi rannu rhai o'r ffeithiau a gasglwyd ganddo.

Mewn adroddiad a gyhoeddwyd yn 1893, nodwyd mai chwareli'r Penrhyn a Dinorwig yng Ngwynedd oedd chwareli llechi mwyaf y byd. Roedd Chwarel y Penrhyn yn cyflogi tua 2,800 o bobl, yn chwarelwyr a rwbelwyr. Roedd galeriau'r chwarel rhwng 36 troedfedd a 66 troedfedd o uchder. Byddai'r dynion yn blastio'r graig gyda phowdwr ac yna yn crogi wrth raff er mwyn rhyddhau'r cerrig mawr o ochr y llethrau. Cludwyd y darnau o graig i'r sied lifio ac oddi yno aent at y chwarelwyr i'w hollti'n llechi a'u hallforio tros y byd. Yr holltwyr crefftus hyn oedd *elite* y chwarel yn ôl Merfyn Jones, a dyfynna nodyn o'r *Pall Mall Gazette* yn 1885:

> *Slate quarrying is not a matter of mere manual labour but an art which years of patient practice will hardly require . . . a slate-splitter is like a poet . . . and contends with the poet on an equal footing at the National Eisteddfod where slate-splitting, music and poetry are stock subjects of rivalry.*

Darlun rhamantaidd efallai; roedd realiti bywyd y chwarelwr yn dra gwahanol. Roedd hyd bywyd y rhai a weithiai yn y siediau llifio ar gyfartaledd yn 47.9 mlynedd tra gallai gyrwyr injan — oedd yn gweithio yn bellach i ffwrdd o lwch y llechi — ddisgwyl byw yn drigain. Llwch ar y frest a damweiniau oedd prif achos marwolaeth. Dyma lythyr gan Dr John Roberts, Penygroes:

> *My first impression regarding Welsh quarrymen is that their hard lot produces premature decay and old age . . . God turns them out a very even lot as babies; look at them above sixty as they pour out of a large quarry, and pray that the Almight may give them the*

sense and knowledge to understand what has produced the awful change . . . how terribly numerous are the tubercular class of affliction that produces their premature death and how frequently they die when a well fed man would recover.

Yn Chwarel y Penrhyn yn 1865, roedd chwarelwr ffodus yn ennill 22s.10d. yr wythnos, sef ychydig tros bunt a deg ceiniog, tra oedd y rhai gwir anffodus o ran eu bargen yn ennill 6s.10c., sef rhyw 30c. yr wythnos. Ar ben hyn, roedd y rhan fwyaf yn gorfod talu les eu tai i'r Arglwydd Penrhyn gan mai fo oedd berchen y tir. Roedd 1,600 o'r dynion oedd yn gweithio yn y Penrhyn, mwy na'r hanner yn byw mewn tai oedd yn eiddo i stâd y Penrhyn. Nid oes angen pwysleisio nad oedd ganddynt lawer o ryddid i brotestio mewn sefyllfa o'r fath; roedd peryg i chwarelwr oedd yn rhy amlwg yn y Mudiad Llafur golli ei waith a cholli ei dŷ yr un pryd.

Y mae Jean Lindsay yn sôn am Etholiad Tachwedd 1868 pan gollodd y Rhyddfrydwr T.L.D. Jones Parry yn erbyn George Sholto Douglas Pennant, yr Arglwydd Penrhyn. Ym Methesda, er gwaethaf cyfarfodydd etholiad brwdfrydig o blaid y Rhyddfrydwr, 47 yn unig a bleidleisiodd iddo a 312 yn pleidleisio i'r Arglwydd Penrhyn. Yn 1870 pan oedd hi'n gyfnod gwael yn y chwarel a nifer yn colli eu gwaith, yr oedd bron y cyfan o'r rhai oedd wedi bod yn amlwg yn yr etholiad ymhlith yr 80 a gollodd eu gwaith. Yr oedd angen dewrder i ymuno â'r Undeb o weld canlyniadau o'r fath.

Cymherir bywyd y chwarelwr yn y ddrama â bywyd moethus yr Arglwydd Penrhyn. Cychwynnwyd y chwarel yn 1780 gan Richard Pennant (1737?-1808) ar ôl iddo briodi etifeddes stadau'r Penrhyn. Fe'i dilynwyd gan ŵyr ei chwaer, George Hay Dawkins (1763-1840) a gymerodd yr enw Pennant. Y fo fu'n gyfrifol am adeiladu Castell y Penrhyn, un o'r enghreifftiau amlycaf a godidocaf o ysblander cyfoeth y cyfnod. Ar ôl iddo farw, aeth ei stâd i'w fab-yng-nghyfraith, Edward Gordon Douglas (1800-86) a chymerodd yntau'r enw Pennant a'i greu yn Arglwydd Penrhyn o Landegai yn 1866. Y mae peth tystiolaeth fod agwedd mam Wiliam yn y ddrama tuag at yr hen Arglwydd yn deillio o'i garedigrwydd tadol tuag at y gweithwyr. Y mae Jean Lindsay yn dyfynnu'r *Caernarfon and Denbigh Herald* ar 29 Mehefin 1850:

About 800 of quarrymen from the works of Colonel Pennant,
together with wives and sweethearts, visited Chester on Friday by
means of the Chester and Holyhead Railway.

Y perchennog oedd yn talu am y trip wrth gwrs tra oedd ei wraig yn dosbarthu nawdd:

Lady Louisa Pennant distributed in person, clothing and shoes to
the boys and girls (shoes to the former; shawls, cloaks and shoes to
the latter) attending Llandegai schools, upwards of two hundred
in number.

Nid rhyfedd felly fod y pennill isod wedi ei gofnodi yn Llyfr Log ysgol Llandegai (Ionawr 1868):

Then welcome Merry Christmas
And the blooming Christmas tree
Bless Lord and Lady Penrhyn
And may they happy be
And bless the kind young ladies
Whom little children love
And may they live forever
In the blest world above.

Dilynwyd yr hen Arglwydd Penrhyn gan ei fab yr ail Arglwydd Penrhyn, George Sholto Douglas Pennant (1836-1927). Y fo a bortreadir yn y ddrama. Yn 1883 roedd gan Stâd y Penrhyn 50,000 acer, a rhent o'r tiroedd o £71,000 y flwyddyn. Yn 1899, blwyddyn cyn y streic fawr, roedd elw yr Arglwydd Penrhyn o'r chwareli yn £133,000 yn ychwanegol i rent y tiroedd. Teulu'r Penrhyn ynghyd â theulu yr Assheton-Smiths oedd yn berchen ar hanner diwydiant llechi Gwynedd, a chwarter tir sir Gaernarfon. Erbyn heddiw daeth tro ar fyd, a'r Ymddiriedolaeth Genedlaethol sydd berchen y rhan fwyaf o'r stâd yng Ngwynedd er 1951.

Sefydlwyd Undeb Chwarelwyr Gogledd Cymru ar 27 Ebrill 1874 yn y Queen's Hotel yng Nghaernarfon. O'r dechrau, gwrthwynebwyd yr Undeb yn ffyrnig gan y perchnogion i'r graddau eu bod wedi ceisio rhwystro'r dynion rhag casglu tâl yr Undeb yn y gwaith. Dyma ymateb yr Arglwydd Penrhyn:

Being informed that a large body of the workmen in the Penrhyn

Quarries had given support to an Union formed at Llanberis for the purpose of dictating to the owners and managers how their quarries should be worked, I hereby give notice that I shall resist any such interference with the rights of proprietors and shall, if such support be continued, immediately close the quarry.

Arweiniodd hyn at streic 1874 lle safodd y dynion yn gadarn o dan arweiniad W.J. Parry. Er mwyn diweddu'r streic, cafwyd cytundeb gyda'r Capten Pennant Lloyd — y 'Pennant Lloyd Agreement'. Sefydlwyd amodau gwaith tecach, diswyddwyd tri is-reolwr oedd yn amlwg annheg wrth drin y dynion a sefydlwyd fframwaith i drafod isafswm cyflog. Yn dilyn llwyddiant o'r fath cynyddodd aelodaeth yr Undeb ac erbyn Mai 1878 yr oedd gan yr Undeb aelodaeth o 8,368.

Asgwrn y gynnen rhwng yr aelodaeth a'r meistri oedd y sustem o fargen. Dyma'r sustem lle gallai rheolwr osod darn o graig i grŵp o chwarelwyr a gosod pris am y cynnyrch; galluogai bargen o'r fath i'r chwarelwr deimlo'n rhannol hunan-gyflogedig. Fel yr eglura Merfyn Jones, os oedd y chwarelwr yn fodlon ar ei gyflog am y mis yna roedd yn caniatáu diwrnod i ffwrdd o'r gwaith iddo'i hun i fynychu'r Ŵyl Lafur neu i helpu efo'r cynhaeaf ar ei dyddyn. Y dynion eu hunain felly oedd yn gyfrifol am gyflymder y gwaith, a golygai hyn nad oedd gan y cyflogwr wir afael ar yr elw mwyaf oedd bosib ei wneud o'r graig. Yn ystod diwedd y ganrif, bu'r Rheolwr E.A. Young yn daer ei wrthwynebiad i'r sustem o fargeinio gan geisio tynnu amodau gwaith y chwareli yn nes at sustem y ffatrioedd, lle byddai'r gweithiwr yn gwbl gaeth i amodau amser a phresenoldeb a osodid gan ei feistr. I'r chwarelwr ar y llaw arall, cynrychiolai'r sustem o fargeinio yr ychydig prin o urddas oedd ar ôl iddo — y gwahaniaeth sylfaenol rhwng bod yn ddyn rhydd ac yn gaethwas. Yn yr adroddiad *Report on Merionethshire Mines*, dyfynnir un chwarelwr o Ffestiniog fel a ganlyn:

'When they let me a bargain, I do not want them to interfere with me in my work until I have finished my contract.'

Er bod y sustem o fargeinio yn rhoi mymryn o annibyniaeth i'r chwarelwr, roedd hefyd yn arwain rhai i blesio'r stiwardiaid mewn ymgais i gael bargen well. Cyfeirir yn y ddrama ar yr arfer o roi wyau neu bwys o fenyn i'r stiward ac at yr arfer o'u galw yn 'gynffonwyr'. Ceir sawl disgrifiad milain yn yr *Herald Cymraeg* o ddynion oedd wedi tyfu cynffon a throi yn is na dynion wrth blesio'r meistri.

Mewn ymgais i dorri'r arfer o fargeinio, dechreuodd yr Arglwydd Penrhyn ac E.A. Young osod darnau o'r chwarel i gontractwyr o du allan i'r ardal fyddai'n cyflogi llafur i weithio'r graig heb yr un annibyniaeth â'r fargen. Y contractwyr hyn — pobl ddibrofiad o weithio llechi yn aml — oedd prif achos y gynnen yn nawdegau'r ganrif ynghyd â rhyddid y gweithwyr i ddiwrnod o wyliau. Ar y 4ydd o Fai 1896, roedd 2,500 o weithwyr wedi aros adre o'r chwarel a nifer helaeth ohonynt wedi teithio i Flaenau Ffestiniog i'r Ŵyl Lafur ac fe'u cadwyd o'r gwaith gan y rheolwyr am ddau ddiwrnod. Ym mis Gorffennaf 1896 cyflwynwyd llythyr i E.A. Young ac wedyn i'r Arglwydd Penrhyn ar y 7fed o Awst yn rhestru cwynion; y brif gŵyn oedd gosod contracts mawr yn y chwarel. Ar yr 28ain o Fedi, cafodd 57 aelod o Bwyllgor yr Undeb ac 17 arall nodyn:

> *I have to inform you that you are hereby suspended until further notice as and from the end of this quarry month viz Tuesday night, 29th inst. E.A. Young.*

Cynigiodd y Bwrdd Masnach ymyrryd mewn streic mor fawr ond mynegodd yr Arglwydd Penrhyn ei deimlad mai mater cwbl breifat oedd mater rheolaeth ei chwareli. Ar Awst 25 aeth y dynion yn ôl heb fawr o fudd o'r streic fel y dengys nodyn y Rheolwr Young:

> *I have no doubt the result of such a beating will be a lesson to them to be content in future when they are well off.*

Cychwynnodd y streic fawr ar faterion tebyg ar Dachwedd 22, 1900 pan gerddodd 2,800 o ddynion allan o'r chwarel. O'r rhain ni ddaeth mil ohonynt yn ôl tan Dachwedd 1903 ac ni ddaeth mil arall yn ôl o gwbl, roeddynt wedi symud naill ai i bylloedd a chwareli cerrig y de neu i'r Unol Daleithiau. Amcangyfrir bod tua 1,600 o ddynion wedi gadael Bethesda yn ystod y Streic Fawr er mwyn ceisio cynnal eu teuluoedd trwy weithio yn y de ac nid yw Wiliam yn eithriad yn y ddrama. Ym Mehefin 1901 aeth 500 o weithwyr yn ôl i'r Chwarel ac o hynny ymlaen, bu teimladau cryf iawn yn y pentrefi ynglŷn â'r bradwyr. Ar noson ola'r flwyddyn 1901 bu'n rhaid drafftio cant o blismyn a chant a hanner o filwyr i'r ardal. Roedd caledi dychrynllyd yn wynebu'r rhai a arhosodd allan; bach iawn oedd taliadau'r Undeb ac erbyn Medi 1903 roedd pob ffynhonnell ariannol wedi sychu. Caeodd y farchnad Sadwrn oherwydd diffyg cefnogaeth, a chaewyd yr ysgol gan i'r dwymyn afael yn yr ardal.

Bu'r Streic yn ddinistriol i fywydau'r chwarelwyr, i ardal Bethesda lle lleihaodd y boblogaeth yn sylweddol, a hyd yn oed i'r meistri gan i'r farchnad leihau neu chwilio am ffynonellau eraill yn ystod y Streic. Ni ddychwelodd Chwarel y Penrhyn i'w llawn dwf byth wedyn. Yn 1907, bedair blynedd ar ôl i'r dynion fynd yn ôl, nid oedd nifer y gweithwyr ond 1,800 a gellir olrhain dirywiad y gwaith llechi yng Ngwynedd i gyfnod y streic. Gwelwn o lyfr Merfyn Jones nad streic am amodau gweithio yn unig oedd hon, ond safiad y meistri yn erbyn dyhead y gweithiwr am annibyniaeth o fewn ei waith. Tystia *Bargen* mai esiampl o ryfel dosbarth sydd gennym. Fel y dywedodd D.R. Daniel ym Mai 1902:

> '*This is not a quarrel between master and workers concerning some halfpenny an hour more wages, it is a hard struggle for independence, for freedom and for humanity.*'

Dyma athroniaeth oedd wrth wraidd ffurfio Cwmni Bara Caws yn 1979.

Elan Closs Stephens
Aberystwyth, 1995

Llyfrau a Ffynonellau

Myrddin ap Dafydd: 'Cam yn Nes at y Bobl' yn y *Y Faner*, Tachwedd 23, 1979.

Edward Braun: *The Director and the Stage* (Methuen, 1982).

Edward Braun: *Meyerhold on Theatre* (Eyre Methuen, 1969).

Cyfweliad efo Bara Caws yn *Y Cymro*, Ionawr 22, 1980.

John Elsom: *Post War British Theatre* (Routledge and Kegan Paul, 1979).

R. Merfyn Jones: *The North Wales Quarrymen 1874-1922* (Gwasg Prifysgol Cymru, 1982).

Jean Lindsay: *A History of the North Wales Slate Industry* (David and Charles, 1974).

John McGrath: *A Good Night Out* (Eyre Methuen, 1981).

John Willett: *The Theatre of Erwin Piscator* (Eyre Methuen, 1978).

John Willett: *The Theatre of Bertolt Brecht* (Methuen. Ail-olygiad, 1977).

Bara Caws

Enillodd y cwmni hwn ei blwy ar gorn ei fywiogrwydd a'i wreiddioldeb a chawsom ganddo yr adloniant mwyaf lliwgar ar ymylon yr Eisteddfod eleni.

Mae *Bargen* wedi cael llawer o sylw o'r blaen, ond rhaid nodi mai eu perfformiad o'r sioe brynhawn ddydd Mercher oedd uchafbwynt yr wythnos i mi. Roedd popeth yma: sgript fywiog, frathog a oedd yn sboncio mynd o un pegwn emosiynol i'r llall heb gloffi unwaith. Efallai bod braidd ar y mwya' o sentiment-aleiddiwch ynddi ac y gallent fod wedi cyflwyno mwy o ffeithiau, ond hollti blew yw peth felly.

'Welais i ddim cystal perfformans (a dyna'r union air) nag un Valmai Jones o nifer o wragedd gwahanol eu safle a'u natur. Roedd ei pherfformiad o'r 'wraig gegog' yn glasur. Gem o berfformiad, a phob clod i bawb sy'n gysylltiedig â'r criw.

Alun Ffred, *Barn*, Medi 1979

Bargen

'Cnewyllyn y math yma o ddrama yw'r pwyslais a roddir ar lif hanes, ar y newidiadau mewn cymdeithas, o ganlyniad i ryw gatastroffi. . . . Nid yw tynged dyn ond rhan yn unig o lif y digwyddiadau, yr hanes. Hyn a gawsom yn *Bargen*, gyda chryn ddychymyg a pathos . . . '

Emyr Edwards, Y Faner, Mai 18, 1979

Mae'n anodd cyfleu amrywiaeth cyfoethog y teimladau a enynwyd yn y gynulleidfa gan *Bargen*, o olygfeydd mor deimladwy â marwolaeth y fam (Valmai Jones) wedi ei chyfleu'n fedrus iawn drwy'r ddyfais o lythyron rhwng y mab (Myrddin Jones), a oedd wedi gorfod mynd i'r de i edrych am waith, a'i wraig (Elliw Haf); ac yna, a'r gynulleidfa i gyd dan deimlad dwys, gollwng y tyndra fel fflach gydag ymddangosiad yr hen gymdoges fusneslyd, ddoniol (Valmai Jones eto) yn galw heibio i gysuro y ferch-yng-nghyfraith yn ei phrofedigaeth, a bwrw llygad craff dros eiddo'r hen wraig ar yr un pryd. Neu ddoniolwch y golygfeydd gyda theulu'r Arglwydd Penrhyn (a'r doniolwch ynddo'i hun yn tanlinellu dioddefaint y chwarelwyr y siaradai'r Arglwydd mor dwp a dideimlad amdanynt). Neu'r defnydd cynnil ac effeithiol a wneid o'r gerddoriaeth, pennill yma ac acw gan amlaf fel math o sylwebaeth ar y digwyddiadau ac ambell gân gyfan, yn adrodd yr un stori ar ffurf arall.

Rhag mynd i ymhelaethu'n ormodol (a chan fawr obeithio y'n breintir ni, gynulleidfaoedd y tu allan i Wynedd, drwy i'r cwmni hwn ddod â *Bargen* ar daith i weddill Cymru), dim ond pwynt neu ddau, yn fras. Yn gyntaf, y ffaith fy mod yn cyfeirio at hon fel drama. Gyda dull arferol cwmnïau fel hyn o weithio'n gydweithredol, pawb yn bwrw ati i wneud popeth, mae 'na duedd i'r grefft o ysgrifennu fynd ar goll rywle, ac i'r sioeau ddibynnu ar ddim byd mwy na sgript ddigon garw, a gallu'r actorion eu hunain yn gwneud y peth yn llwyddiant. Ond yr oedd yr ysgrifennu ei hun, y ddeialog a'r grefft theatrig yn *Bargen* yn ei gwneud yn ddrama y gallai unrhwy ddramodydd gwerth ei halen fod yn falch ohoni. Yn ail, roedd yr holl sioe yn enghraifft wych o ddefnyddio'r theatr i gyflwyno darnau pwysig o'n hanes, gan addysgu heb fod yn ddidactig, gan greu adloniant heb golli golwg ar y neges bwysig y tu ôl i'r difyrrwch. Yn drydydd, er ei bod hi hwyrach braidd yn annheg i alw sylw arbennig at un person mewn cwmni fel hwn sydd mor llwyddiannus am fod pob aelod ohono yn cyfrannu'r fath ddawn a'r fath ymroddiad iddo, rhaid crybwyll perfformiadau cwbl arbennig Valmai Jones. Y mae'n rhaid cyfrif hon bellach yn un o actoresau gorau Cymru sy'n meddu ar y ddawn neilltuol a phrin honno o allu creu cymeriad â'r fath ynni mewnol nes bod hynny yn trawsnewid ei hwyneb, ei holl ymddangosiad allanol nes mai dim ond pethau atodol bron yw'r paent a'r gwisgoedd y bydd actorion eraill yn gorfod dibynnu arnynt i greu cymeriadau newydd.

Digon o froliant; does dim angen dweud mai Eisteddfod Bara Caws oedd Eisteddfod Caernarfon i mi.

Y Dinesydd, Awst/Medi 1979

Rhaglen y Cwmni yn Eisteddfod Caernarfon

THEATR BARA CAWS
yn cyflwyno
BARGEN

'Bargen — Chwip o sioe' — *Y Cymro*

Un o'r dylanwadau mwyaf fu ar Wynedd oedd y diwydiant llechi. I chwarelwr roedd 'bargen' yn golygu'r darn hwnnw o'r graig y byddai'n weithio arni, ac ar ansawdd y fargen y dibynnai ei gyflog am y mis.

Cyflwynir y rhaglen hon fel teyrnged i'r chwarelwyr a'u teuluoedd a ddioddefodd anghyfiawnder gydag urddas tawel a'r gobaith 'Trech gwlad nag Arglwydd'.

Chwaraeir rhan y gwahanol gymeriadau gan Elliw Haf, Valmai Jones, Myrddin Jones, J.O. Jones a Dyfan Roberts.

Cynhyrchydd: Iola Gregory
Trefnydd Cerdd/Rheolwr Llwyfan: Catrin Edwards
Gweinyddwr y Cwmni: Alwyn Evans.

Hoffai Theatr Bara Caws ddiolch yn arbennig i Mr Ernest Roberts, John Ogwen, Gruffydd Jones, Glyn Richards, Charles C. Williams, Mrs Beti Whitehead, a nifer o gyfeillion eraill am eu brwdfrydedd a'u cefnogaeth.

* * *

Grŵp o actorion a cherddorion proffesiynol sy'n ceisio sefydlu Theatr Gymuned yng Ngwynedd yw Theatr Bara Caws. *Bargen* oedd ein cyflwyniad cyntaf eleni, ac oherwydd ei llwyddiant yng Ngwynedd carem roi cyfle i weddill Cymru weld y cynhyrchiad.

Ein bwriad wrth sefydlu Theatr Bara Caws yw rhoi adloniant i bobol Gwynedd a gobeithiwn y byddwch yn elwa ar ein gwasanaeth. Byddwn yn falch o unrhyw awgrym a hoffem gael eich syniadau am destun yr hoffech i ni ymdrin ag ef yn y dyfodol.

GOLYGFA 1

(Daw dyn i mewn o ochr y llwyfan ac edrych o'i gwmpas. Ychydig eiliadau yn ddiweddarach, daw ei wraig i mewn. Mae'r ddau wedi eu gwisgo mewn dillad cyfoes, trwsiadus ond nid drud. O ran statws cymdeithasol, nhw yw disgynyddion chwarelwyr ganrif ynghynt.)

Gwraig: O! Fan yma 'dach chi ia, yn y *Sales Rooms* yn barod, a finna wedi bod yn disgwl fel ffŵl wrthoch chi tu allan. Wel, dowch yn eich blaen neu mi fyddwn wedi colli'r bargeinion gorau i gyd. Hy! Wel, dwi'n gobeithio bod hon yn mynd i fod yn ocsiwn go iawn a ddim fel yr hen ocsiwn *Cheap Jacks* fuon ni ynddi yn y Castell ym Mangor ers llawer dydd. Ydach chi'n cofio? Ydach, m'wn. Fasa 'na ddim peryg i chi anghofio.

(Yn troi at y gynulleidfa.)

Hwn yn mynnu mynd i'r ocsiwn 'ma — eisiau *watch 'Supersonic'* fel sy' ganddyn nhw ar Star Trek os gwelwch yn dda. Yn tydi dynion yn betha plentynnaidd, dwedwch y gwir. Ac mi gafodd *watch 'Supersonic'* — mi fynnodd gael un. Hwyrach y basa hi wedi gweithio'n iawn ar Mars 'te, ond doedd hi'n dda i uffar o ddim yng Ngwynedd.

(O hyn ymlaen, yn annerch y gŵr neu'r gynulleidfa yn ôl y galw.)

Faint o'r gloch ydi hi ganddoch chi rŵan? Dyna

fo, ylwch, tydi hi'n da i ddim. Tasa ganddoch chi *watch* gall mi fyddan ni wedi bod yma gymaint â hynny yn gynt.

O! A wyddoch chi be arall wnaeth mei lord? Bidio, os gwelwch chi'n dda, am rywbeth wedi'i lapio mewn papur brown na wydda fo ddim byd be oedd ynddo fo, a dyma hwn yn rhoi punt amdano fo. Ond wyddoch chi be? Ar ôl iddo fo'i agor o, mi roedd yna chwip o gloc larwm ynddo fo yn gweithio fel *watch*. A dyma finna'n meddwl y buaswn inna'n bidio rŵan; a dyma'r ocsiwniar yn estyn parsal anferth wedi'i lapio mewn papur brown. *'What's in it?'* medda fi wrtho fo. Slei 'dach chi'n gweld — dim run fath â hwn. *'Something to keep you warm these cold nights, missus,'* medda fo. O wel! mae o'n bownd o fod yn gôt ffŷr neu *lectric blanket* medda fi wrth fy hun, a dyma fi'n bidio. A wir i chi, dyma fo'n curo'r parsal lawr i mi am ugain punt. *'Don't open it until you get home, missus,'* medda fo. Aha, rhag ofn y basa pawb arall yn *jealous*, meddwn i wrth fy hun; achos dim ond un parsal oedd yna, 'dach chi'n gweld. A dyma'r gŵr a fi yn rhuthro oddi yno. Fe ddalion ni'r bỳs naw reit ddel, yn do?

Gŵr:　　Do, do.

Gwraig:　*(Wrth y gŵr)*

Tewch!

(Yn annerch y gynulleidfa)

A dyma fi'n agor y parsal, a wyddoch chi be oedd ynddo fo? Pâr o *bed socks* pinc.

(Wrth y gŵr)

Dangoswch nhw.

(Yn annerch y gynulleidfa yn ôl)

Mi gewch ddeud eich bod wedi gweld pâr o socs gostiodd ugain punt os na chewch chi weld dim byd arall gwerth chweil heno. Wel, be ydi'r petha yma deudwch?

Gŵr: *Antiques.*

Gwraig: *(Wrth y gŵr, ond yn lled-gydnabod presenoldeb y gynulleidfa trwy gydol y sgwrs sy'n dilyn.)*

Mi fedra' i weld drostof fy hun mai *antiques* ydyn nhw, diolch yn fawr iawn i chi. Ew, fe aiff y rhain am arian mawr gewch chi weld. Mi fydda' i'n meddwl yn aml mewn sobrwydd am y pethau mae rhywun wedi ei daflu i ffwrdd sydd werth arian mawr y dyddiau yma. Roedd ganddon ni un fel hyn — a fel hyn — ond dyna fo wedi eu lluchio nhw i'r bin ers llawer dydd. Faswn i'n synnu dim mai wedi bod trwy ein bin lludw ni mae'r rhain Ew, be ydi'r llun yma d'wch?

Gŵr: Chwarelwrs.

Gwraig: Ia, mi fedra' i weld hynny drosof fy hun. Eisiau gwybod pwy ydi'r hen foi spats yma ydw i. O, wn i pwy ydi o! Lord Penrhyn. 'The Signing of the Pennant Lloyd Agreement.' Be oedd y 'Pennant Lloyd Argument' d'wch?

Gŵr: Dwn i ddim.

Gwraig: Na wyddoch chi, m'wn. Mi fasa'n biti i *chi* wybod unrhyw beth o fudd ac o ddiddordeb i rywun yn basa? Ond beth bynnag oedd o, roedd o'n bwysig iawn achos mi roedd yna un fel hyn i fyny ymron bob tŷ yng Ngwynedd ar un adeg. Be sy' ganddoch chi'n y fan yna? Gadwch i mi weld. O, dyddiadur rhyw hen chwarelwr. O, fentra' i chi yr aiff hwn am bres mawr, gewch chi weld.

(Exit gŵr i'r ochr. Y wraig yn dal i bori yn y dyddiadur ac yna'n codi ei phen.)

Gwraig:	Ble'r aeth yr hen ddyn yna eto?
	(Exit Gwraig ar ei ôl.
	Clywir lleisiau plant ysgol yn llafarganu'r pennill:)
Y Plant:	*And welcome Merry Christmas* *And the merry Christmas Tree,* *Bless Lord and Lady Penrhyn* *And may they happy be.*
	(Ynghanol y llafarganu, clywn gloch yr ysgol ac yna lleisiau plant yn gorffen ysgol am y dydd. Daw Richard a Wiliam i mewn o gefn y llwyfan. Mae Wiliam ar gefn Richard ac yn ei drin fel ceffyl. Mae Richard yn baglu a'r ddau yn dymchwel i'r llawr. Richard yn dechrau crio.)
Wiliam:	Wyt ti'n iawn?
Richard:	Na, dwi wedi brifo.
Wiliam:	Ble wnest ti frifo?
Richard:	Fa'ma a fa'ma a fa'ma a mae gen i annwyd.
Wiliam:	*(Yn edrych ar benelin Richard)*
	Ew, mae o'n gwaedu. Mae Mam yn deud os ti'n chwythu ar friw ei fod o'n gwella.
	(Yn chwythu)
	Ydi o'n well?
Richard:	Ydi, dipyn bach.
Wiliam:	Be gest ti Dolig?
Richard:	Afal ac oren a chyflath. Roeddwn i eisiau mul ond ches i ddim un.
Wiliam:	Wyt ti eisiau gwybod be ges i?
Richard:	Rwyt ti wedi deud wrtha' i ddeg gwaith yn barod. Dyddiadur.
Wiliam:	Be gawn i chwarae?
Richard:	Dwn i ddim.

Wiliam:	Ha, wn i! Beth am chwarae chwarelwrs? Gei di fod yn chwarelwr a mi fydda' innau'n stiward ac mi wnawn ni ddadlau am dy fargen di.
Richard:	Dydi hynna ddim yn deg. Pam ddyliwn i chwarae'r boi sy'n colli bob tro?
Wiliam:	O! Olreit 'ta. Gei di fod yn stiward ac mi wna' i fod yr hen Lord Penrhyn yn rhoi ffrae i ti am roi gormod o bres am y fargen.
Richard:	Ond mi fydda' i yn colli felly hefyd. Pam na fedri *di* fod yn rhywun llai na fi am unwaith er mwyn i mi gael ennill?
Wiliam:	Olreit. Os wyt ti'n mynnu cael dy ffordd dy hun bob tro. Dewis di be wyt ti eisiau bod.
Richard:	Mi wna' i fod yn Lord Penrhyn ac mi gei di fod yn geffyl i mi.
Wiliam:	Iawn 'ta. Neidia fyny.
Richard:	*(Yn neidio ar gefn Wiliam)*
	Ji-yp! Ji-yp! Hen Lord Penrhyn yn mynd i hela.
Wiliam:	Hei, fedri di ddim bod yn *hen* Lord Penrhyn.
Richard:	Pam?
Wiliam:	Am ei fod o wedi marw.
Richard:	Lle mae *Lords* yn mynd ar ôl marw?
Wiliam:	I lle *Lords*.
Richard:	Lle mae fan'no?
Wiliam:	O, yn Llundain yn rhywle dwi'n meddwl.
Richard:	Oes rhaid i ti fynd i'r eglwys er mwyn mynd i fan'no?
Wiliam:	Oes. Ond os wyt ti eisiau mynd i'r nefoedd, mae rhaid i chdi fynd i'r capel, medda Mam.
Richard:	Pam mae pobl yn mynd i'r eglwys 'ta?

35

Wiliam:	Dwi ddim yn gwybod ond roedd Mam yn deud bod o rwbath i'w wneud efo'u cynffon nhw.
Richard:	Fel cynffon llwynog?
Wiliam:	Ia, 'run fath â hwnnw mae Penrhyn yn ei hela. Yli, mi gei di fod yn geffyl a mi wna' i fod yn Lord Penrhyn.
	(Yn neidio ar gefn Richard)
	Ji-yp! Ji-yp!
Richard:	Hei! Roeddwn i'n meddwl fod Lord Penrhyn wedi marw?
Wiliam:	Mae 'na un arall rŵan does?
	(Meri yn dod i mewn)
Meri:	*(Yn siantio)*
	Pwy-sy'-yn-ddau-gariad? Pwy-sy'-yn-ddau gariad?
Richard:	O, dos o'ma Meri Tŷ Isa. Ti ddim yn gall.
Wiliam:	Ti ddim yn gall achos fedr hogia ddim bod yn ddau gariad.
Meri:	Pam ydach chi eich dau yn gafael rownd eich gilydd ta?
Richard:	Am ein bod ni yn deud cyfrinacha a dwyt ti ddim i fod i gael clywad.
Meri:	Dwi ddim eisiau clywad. Mae gen i gyfrinach fy hun a dwi yn mynd i'w deud hi wrth doli.
Wiliam:	Ti'n wirion, Meri. Deud cyfrinacha wrth ddoli glwt.
Wiliam a Richard:	*(Yn siantio)* Me-e-ri wirion. Me-e-ri wirion.
Meri:	Chi eich dau sy'n wirion. Fy mabi i ydi hon.
Wiliam:	Fedar hi ddim bod yn fabi i ti, ha! ha! Does ganddi hi ddim tad!

Meri:	Oes tad, ond mae o wedi marw yn y chwaral fel gwnaeth Dad.
Richard:	Aeth dy dad di i Llundain 'ta i'r nefoedd?
Meri:	Dwi ddim yn gwbod, ond mae Mam yn deud na tydi o ddim yn dod yn ôl.
	(Yn dechrau crio)
Richard:	O paid â chrio.
Wiliam:	Ia, dim ond babis sy'n crio.
	(Wiliam yn tynnu'i gwallt hi — Meri yn crio'n waeth.)
Richard:	Paid â gwneud hynna neu mi gicia' i di.
Wiliam:	Mi wna' i i chdi hefyd.
Richard:	Gwna 'ta.
	(Wiliam yn ymateb, ac mae'n cael cic egar gan Richard nes mae'n beichio crio.)
Wiliam:	*(Yn crio a rhedeg allan)*
	Ma-a-am! Ma-a-am!
Richard:	Dyna ti, Meri. Mae o wedi mynd rŵan.
Meri:	Diolch, Richard. Wyt ti eisiau chwarae tŷ bach efo fi?
Richard:	Mi fasa'n well gen i chwarae soldiwrs.
Meri:	Na, hen gêm *rough* ydi honna.
Richard:	O, olreit 'ta, mi wnawn ni chwarae cuddio.
Meri:	Pwy sy'n mynd i ddechra?
Richard:	Cuddia di dy ben a chyfri i ddeg ac mi a' inna i guddio.
Meri:	Olreit.
Meri:	*(Yn cyflymu at y diwedd)*
	Un, dau, tri, pedwar, pump, chwech, saith, wyth, naw deg. Barod!

(Yn chwilio a galw)

Meri: Richard? Richard? O doli, mae o wedi mynd. Bydd rhaid i ni chwarae tŷ bach ar ein pennau'n hunain.

(Meri yn canu Cân Cytundeb Pennant Lloyd)

Cysga di
Fy mabi bach,
Mae'r byd yn wyn
A thithau'n iach;
Cest d'eni i'r byd gora' rioed,
O dan gytundeb Pennant Lloyd.

Dy dad sy'n chwarel
Braich y Cafn,
Yn torri'r graig
Â miniog lafn;
Mae bwyd yn tyfu ar y coed
O dan gytundeb Pennant Lloyd.

Fel awyr ha'
Mae'th lygaid glas,
Mwy gwerthfawr na
Holl aur y Plas;
Ond yntau'r Lord ddaeth at ei goed
O dan gytundeb Pennant Lloyd.

Be wnawn ni rŵan doli? Wn i. Mi wna' i fod yn Lady Penrhyn ac mi gei di fod yn fabi i mi. Mi gawn ni swpar crand efo'n gilydd. *Here is your* swpar. *It is your* hoff swpar . . . *It is* . . . bara *and* ŵy. *Now, eat your* bol-*full and after* swpar *I am going to give* bwyd *to the* tlodion.

(Â Meri allan gan fagu ei dol.)

GOLYGFA 2

(Daw Lady Penrhyn i mewn yn chwarae Greensleeves *ar delyn fach.
Wrth i Lady Penrhyn ddod i ddiwedd y gân, daw Maldwyn, y
gweinydd, i mewn.)*

Maldwyn: Menu for tomorrow, your ladyship.

Lady Penrhyn: *(Yn darllen y fwydlen)*

Clear chicken soup, baked mullett with truffles,
trout in pastry, roast breast of venison with fig
rolls, crown roast of lamb with cranberry sauce,
game pie, brussels' sprouts with green grapes,
steamed apple dumplings, wine jelly, profiteroles
and chocolate sauce.

Yes, that's fine, Maldwyn. Just a light supper for
Lord Penrhyn and myself. Oh and Maldwyn,
open a bottle of claret, will you? You know Lord
Penrhyn likes to let his wine breathe.

Maldwyn: Oh, here is the big lordship now.

*(Daw Lord Penrhyn i mewn â'i ben mewn rhai
tudalennau o bapur. Â Maldwyn allan.)*

Lady Penrhyn: Douglas darling, you seem so very abstracted
tonight.

Lord Penrhyn: It's this damn quarry. The profits are not what
they ought to be. The root of the problem is this
infernal Pennant Lloyd Agreement. Just listen to
this:

(Mae'n darllen o'r cytundeb)

' . . . shall be discussed by a Committee.' A Committee, I ask you. It smells of unionism.

Lady Penrhyn: How absolutely dreadful.

Lord Penrhyn: What I need is a strong man to install as a manager. Now who would fit the bill?

Lady Penrhyn: What about that splendid man we met at the Penrhyn-Prices last year. The one you talked about, Douglas darling. What was his name? Little. No . . . Old?

Lord Penrhyn: Young.

(Gyda brwdfrydedd cynyddol)

Young. Yes, that's it. He'll keep the men on a tight rein.

(Daw Katie, merch fach Lord a Lady Penrhyn, i mewn.)

Katie: May Katie come in? Good evening, Mama. Good evening, Papa.

Lady Penrhyn: And how is my little girl tonight?

Katie: Very well, Mama. Look . . .

(Mae'n agor ei cheg led y pen.)

Lady Penrhyn: Katie, don't be vulgar.

Katie: Look, Mama, I've lost a tooth and Nanny says that if I put it under my pillow tonight, the fairies will bring me sixpence.

Lady Penrhyn: I expect they will bring you a whole shilling, my dear. But come along now. Father would like to hear your piece before you go to bed.

Katie: Oh, Mama. Must I?

Lady Penrhyn: Come along now. Papa has been looking forward to it all day, *(yn troi at ei gŵr)*, haven't you, dear?

Lord Penrhyn: What the . . . ? Oh, yes of course.

Katie: *(Yn canu)*

It was a lover and his lass,
With a hey, and a ho, and a hey nonino,
That o'er the green cornfield did pass,
In the spring time, the only pretty ring time,
When birds do sing, hey ding-a-ding,
Sweet lovers love the Spring.

Between the acres of the rye,
With a hey, and a ho, and a hey nonino,
These pretty country folk would lie,
In the spring time, the only pretty ring time,
When birds do sing, hey ding a ding, ding,
Sweet lovers love the Spring.

This carol they began that hour
With a hey, and a ho, and a hey nonino
How that a life was but a flower . . .

(Yn petruso ar hanner pennill)

Lady Penrhyn: Come along, darling. Last verse coming up.

Lord Penrhyn: *(Dan ei lais)*

For which the Lord make us truly thankful.

Katie: Oh, Mother, I don't want to. I don't. I've forgotten the horrid thing.

(Yn taro ei throed ar y ddaear mewn tymer)

Lady Penrhyn: *(Yn fygythiol)*

Come along, sweet. We don't want to disappoint your father, do we.

Lord Penrhyn: *(Yn frysiog)*

Please, ladies, don't trouble yourself on my account.

Katie:	There, did you hear, Mama? Father said he didn't want to hear me do my piece.
	(Yn dechrau igian crio)
Lady Penrhyn:	Now, dear, don't be silly. Come along. I'll sing with you . . . And therefore take the present time, With a hey, and a ho, and a hey nonino.
Lady Penrhyn:	*(Dan ei lais eto, neu efallai wrth y gynulleidfa)* Who said only the Welsh could sing?
Katie:	I won't sing. I won't sing. I won't.
Lady Penrhyn:	Oh yes you will.
Katie:	Shan't!
Lady Penrhyn:	You will, madam.
Lord Penrhyn:	*(Yn gweiddi ar y ddwy ohonynt)* Be quiet! *(Ceir ennyd o dawelwch yna mae'r plentyn yn bloeddio crio.)*
Lady Penrhyn:	There, there, sweet. Father didn't mean it. He has a lot of worries and troubles with his quarry.
Katie:	What kind of troubles? *(Mae Lord Penrhyn yn rhoi ei ferch ar ei lin.)*
Lord Penrhyn:	Well, you know dear how I came to see you in the nursery the other day?
Katie:	Oh yes, and it was the Queen Dolly's tea party.
Lord Penrhyn:	That's right, dear, and do you remember that half way through the birthday tea the other dollies started misbehaving and throwing cakes around and wouldn't drink their tea nicely?
Katie:	Oh yes, and I had to put Mr Gollywog across my knee and spank him dreadfully hard.

Lord Penrhyn:	That's it! Well, that's what your Papa has to do with his men down the quarry — he has to teach them a lesson.
Katie:	Are you going to spank them? *(Y fam a'r tad yn chwerthin ac yn falch o'u merch fach)*
Lady Penrhyn:	Out of the mouths of babes . . . Now run along and let Nanny tuck you in.
Katie:	Goodnight, Mama. Goodnight, Papa. *(Yn mynd allan)*
Lord Penrhyn:	How I wish the quarry was as easy to run as Katie's doll's house.
Lady Penrhyn:	Oh darling, don't sigh so. I can't bear it when you look sad. Whatever the trouble at the quarry, I'm sure you will find a way out. You're so clever, Douglas, and if only the men could get to now you better, I'm sure they would love you just as much as I do.
Lord Penrhyn:	Gertrude!
Lady Penrhyn:	Yes, darling?
Lord Penrhyn:	Don't talk such utter, wet, piffling drivel. *(Yn estyn am y gloch a'i chanu)*
Lady Penrhyn:	Sorry, dear. *(Tawelwch.* *Daw Maldwyn i mewn gan ateb caniad y gloch.)*
Maldwyn:	Yes, sir. You sang for me, sir?
Lady Penrhyn:	*Rang*, Maldwyn. You *sing* in the choir.
Maldwyn:	No, my lady. Not me. My brother Osian sing in the choir. I have voice like *ragarug*.

Lady Penrhyn:	No, no. You are labouring under a misconception.
Maldwyn:	No, my lady. My brother Tecwyn is labouring. He . . .
Lord Penrhyn:	Be quiet, man, and pour me a glass of whiskey.
Maldwyn:	Yes, my lordship. *A gobeithio y tagi di arno fo'r diawl.*
Lady Penrhyn:	What a musical language it is — *'a gobeithio-tagi-di-arno-fo-diawl.'* How wonderful! *Dioci fawr, Maldwyn.*
	(Y mae'r Arglwydd Penrhyn wedi bod yn gwylltio'n gynyddol drwy'r gyda'r nos. Mae'n cyrraedd pen ei dennyn, yn neidio i fyny gan dywallt y wisgi tros ei hun, yn gwylltio fel plentyn a malu'r gwydryn.)
Lord Penrhyn:	I won't stand for it, I tell you. Damn it! I will not be dictated to in my own quarry. I will not! My father was too soft with them. The old boy, my grandfather, was the one who knew how to deal with them. He had the niggers eating out of his hand.
Lady Penrhyn:	How very unhygienic!
Lord Penrhyn:	Quiet! I tell you he was right to rule them with an iron hand — that Robert Parry and the rest of his unholy rabble. And they call themselves Christians! Don't they know that to go against the master is a sin against God? Rights, indeed. Rights! I'll give them rights. My father was a fool, a cretin, a madman to put up with the so-called Pennant Lloyd Agreement. Why should I put up with it? Why should I? Gertrude, let's abolish it!
Lady Penrhyn:	What dear?
Lord Penrhyn:	Gertrude! Come along!

44

Lady Penrhyn:	Where are we going, dear?
Lord Penrhyn:	Bed!
Lady Penrhyn:	Oh dear!
	(*Â'r ddau allan o'r ystafell gan adael Maldwyn ar ganol y llawr.*)
Maldwyn:	Wel, Duw o'r Sowth! Mae o'n mynd i ddiddymu cytundeb Pennant Lloyd!
	(*Â Maldwyn allan.*
	Wrth i'r llwyfan wagio, daw Meri i mewn o'r ochr. Mae'n edrych ychydig yn hŷn a heb ei doli. Mae'n canu cân Diddymu Pennant Lloyd.)
Meri:	Mae'r babi bach 'Di tyfu'n ddyn A dyma wawrio'r Dyddiau blin; Mae rhywbeth trwm yn sŵn ei droed Ar ôl diddymu Pennant Lloyd.
	Daeth brenin balch I'r Castell draw A'r ardal gyfan Dan ei law; Ni wnaed y ffasiwn gam erioed A phan ddiddymwyd Pennant Lloyd.
	Mae'r gwynt yn curo Gyda'r glaw, A phawb yn ofni Beth a ddaw, Rwyf innau'n dechrau mynd i oed Er pan ddiddymwyd Pennant Lloyd.
	(*Erys Meri am ennyd.*
	Saib. Yna mae'n camu i mewn i'r olygfa nesaf.)

GOLYGFA 3

(Daw Wiliam i mewn wedi ei wisgo mewn dillad chwarel. Mae newydd adael yr ysgol. Try Meri ato.)

Meri: O, dyma chdi, Wiliam. Rydw i wedi bod yn dy ddisgwyl di ers meitin. Mae'r lleill wedi mynd ers oria ond mi arhosais i amdanat ti. Tyrd neu mi fydd hi'n rhy hwyr i weld Madam Leila.

Wiliam: *(Mewn penbleth)*

          Madam Leila? Mynd i le? Am be wyt ti'n sôn?

Mair: Wel am Ffair Llan wrth gwrs. Mae 'na ddynas deud ffortiwn yn mynd i fod yno ac mae plant yr ysgol i gyd wedi cael mynd adra'n gynnar er mwyn mynd i'w gweld hi.

Wiliam: Wel am blentynnaidd. Mae gen i betha gwell i'w gwneud efo f'amser na mynd i'r ffair efo lot o blant bach ysgol.

Meri: *(Yn ddagreuol)*

          Ond Wiliam, wsnos diwetha roeddat ti'n deud yn bendant dy fod ti eisiau mynd i'r ffair. Roeddat ti'n edrych 'mlaen yn arw medda chdi.

Wiliam: Wel, rydw i dipyn yn hŷn erbyn hyn ac mae'r holl beth yn swnio run fath â chwarae plant i mi. Rhaid i ti gofio 'mod i'n weithiwr rŵan a ddim yn blentyn ysgol fel chdi. 'Ti eisiau gweld fy mhres i?

          (Yn tynnu arian allan o'i boced)

Meri:	*(Gydag edmygedd)*
	O Wiliam!
Wiliam:	Felly ffwrdd â chdi i'r ffair efo'r plant eraill ac mi a' i adra i gael swpar chwaral. Dos!
	(Exit Meri.
	Try Wiliam i gymryd rhan yng Ngolygfa 4.)

GOLYGFA 4

(Daw Wiliam i mewn i'r gegin ar ddiwedd ei fis cyntaf yn y chwarel.)

Wiliam: Ma-am! Ma-am!

Mam: *(Yn dod i mewn o'r ochr fel o'r pantri neu'r gegin gefn)*

            Be ar y ddaear fawr ydi'r sŵn yma?

Wiliam: Mae hi'n ddiwedd mis, Mam. Diwrnod pae. Ew, welais i rioed gymaint o bres efo'i gilydd o'r blaen, a fi pia nhw i gyd. Mi fydd o'n help mawr inni brynu bwyd a ballu. Mae ganddoch chi ddyn yn ennill pres yn y tŷ yma unwaith eto. Fyddwch chi ddim yn gweld colli Dad cymaint.

Mam: Na fyddaf mae'n siŵr, chwarae teg i ti, ond mae'n gas gen i dy weld ti'n gorfod mynd i'r hen chwaral 'na.

Wiliam: O, mae hi'n wych yna, Mam, lot gwell na mynd i'r ysgol — ac maen nhw'n fy nhalu i hefyd. W! Wyddoch chi be welais i heddiw? Dewyrth Tomos yn dadlau am ei fargen efo'r stiward. Mi roeddan nhw'n ffraeo cymaint, roeddwn i'n meddwl bod Dewyrth yn mynd i'w daro. A wyddoch chi be arall welais i? William Roberts yn rhoi dwsin o wyau i un o'r stiwardiaid, er mwyn cael bargen well y tro nesa meddai Dewyrth. O ia! ac yn y caban amser cinio, fe ddaeth y stiward i mewn. Roedd o wedi saethu llwynog ac yn ei ddal

48

o fyny gerfydd ei gynffon fel hyn, a dyma Dewyrth yn deud wrtho fo, 'Ia, wir, Mr Jones, mae o'n glamp o lwynog, ond biti ar y diaw . . . '

(Ei fam yn edrych arno)

. . . biti na fuasech chi wedi dod â fo yma'n fyw. Mi fyddai wedi dod yn ei flaen yn ardderchog yn y chwaral efo cymaint o gynffon arno fo.

Mam: Cymer di ofal i beidio â chwerthin gormod am ben y stiwardiaid — cadw'n glir o'r rheini sydd eisiau a gweithio'n dawel heb dynnu gormod o sylw atat dy hun. Mae yna lawer un wedi cael ei roi ar fargen sâl ar ôl iddo sarhau un o'r stiwardiaid.

Wiliam: Mam, mae Robert Parry yn deud fod eisiau i mi gadw ceiniog o 'nghyflog bob mis er mwyn ymuno efo'r Undeb. Ydi hynny'n iawn?

Mam: Gad ti lonydd i'r Undeb 'na.

Wiliam: Ond pam, Mam? Mae 'na lot o'r hogia yn ymuno. Mae Wil Tŷ'n Llan wedi ymuno'n barod.

Mam: A tasa Wil Tŷ'n Llan yn deud wrthat ti am roi dy fŷs yn tân, mi fasat ti'n gwneud debyg. Gwranda di ar dy fam. Hi sydd yn gwbod be sy'n iawn. Rwyt ti'n rhy ifanc i ddallt y petha 'ma rŵan.

Wiliam: Oedd Dad ddim yn perthyn i'r Undeb 'ta?

Mam: Oedd, mi roedd o, am hynny o les wnaeth o iddo fo erioed. Mi fasa dy dad yn fyw heddiw oni bai ei fod o wedi cyboli hefo'r hen Undeb 'na.

Wiliam: Be 'dach chi'n feddwl?

Mam: Cael ei roi ar fargen sâl wnaeth o, Wiliam bach, am ei fod o'n deud ei feddwl wrth y stiward. Erbyn iddo fo dalu i'w brentis, a thalu am ei bowdwr a ballu, yn aml iawn, roedd o'n dod adra diwedd mis ac arno fo bres iddyn *nhw*. Ac er mwyn trio gwneud dipyn o arian ychwanegol, mi

49

aeth ar fargen beryg a dyna laddodd o. Ac mae ymhél ag undebaeth yn beryclach fyth o dan y Lord newydd 'ma. Wyt ti'n addo i dy fam rŵan nad ei di fyth i gyboli efo'r Undeb, Wiliam?

Wiliam: O'r gora', Mam.

(Exit Mam.

Wiliam yn darllen o'i ddyddiadur.)

Wedi derbyn fy nghyflog cyntaf o'r chwarel. 'Bargen' ydan ni'r Chwarelwyr yn galw'r darn o graig y byddwn yn gweithio arni am fod yn rhaid i ni fargeinio efo'r stiward gosod am y pris.

Mae'n ymddangos i mi fod y sustem fargeinio yma yn annheg am fod rhai dynion yn cael mwy o arian nag eraill am wneud yr un gwaith.

Penderfynu ymuno efo'r Undeb.

(Exit Wiliam)

GOLYGFA 5

(Daw Richard i mewn efo blodau; mae'n sefyll a sbio ar ei oriawr.)

Richard: *(Chwibanu: 'Mae nghariad i'n Fenws'.*
             Daw Wiliam i mewn, yntau hefyd efo blodau.)

Wiliam: Richard.

Richard: Wiliam. Be ti'n ei wneud fan hyn?

Wiliam: O, mynd am dro wsti. Be amdanat ti?

Richard: Be amdana'i be?

Wiliam: Be wyt ti'n ei wneud yma?

Richard: Mynd am dro.

Wiliam: *(Pesychiad)*

Richard: Be ti'n ddeud?

Wiliam: Dim byd o bwys. Wel, paid â gadael imi dy gadw
             di.

Richard: Na, popeth yn iawn. Mae'n iawn.

Wiliam: Wyt ti ddim ar frys i fynd i rwla?

Richard: Nag'dw. Pam?

Wiliam: Dy weld di'n edrych ar dy *watch*.

Richard: Meddwl ei bod hi'n cyflymu oeddwn i.

Wiliam: Wyt ti'n disgwl rhywun dwa'?

Richard: Na. Wyt ti?

Wiliam: Nag'dw. Faint o'r gloch ydi hi.

Richard: Tua hanner awr wedi dau.

             (Daw Meri i mewn)

Meri:	Helô.
Richard a Wiliam:	Helô.
Meri:	Mae'n ddrwg gen i 'mod i'n hwyr.
Richard a Wiliam:	Popeth yn iawn.
Meri:	Ydach chi wedi bod yn aros yn hir?
Richard a Wiliam:	Naddo. Newydd gyrraedd.
Meri:	Wel, mae hi'n ddiwrnod braf, yn tydi?
Richard a Wiliam:	Ydi. Braf iawn.
Meri:	Wel, dwi'n meddwl yr eistedda' i fan hyn yn yr haul.
Richard:	(*Yn estyn ei got*)
	Eisteddwch ar hon, Meri fach.
Meri:	Diolch, Richard. Rydach chi'n edrych yn smart ofnadwy eich dau.
Richard a Wiliam:	Diolch.
Meri:	Dwi'n licio'ch tei chi, Richard.
Wiliam:	Dwi'n meddwl eich bod chi'n edrych yn ddel iawn, Meri.
Richard:	Yn enwedig yr het.
Meri:	Oes ganddoch chi gyllell, Wiliam?
Wiliam:	Oes.
Richard:	(*Yn gyflym*)
	Dyma chi gyllell, Meri fach.
Meri:	Diolch, Richard.
Richard a Wiliam:	O'n i'n meddwl bod . . . O'n i'n mynd i ddeud . . .

Wiliam:	Dos di.
Richard:	Na, dos di.
Wiliam:	Na, doedd gen i ddim byd i ddeud.
Richard:	Na finna' chwaith.
Meri:	Wyddoch chi be?
Richard a Wiliam:	Be?
Meri:	Roedd Jên Tyngongl yn deud pe bawn ni'n plicio afal ac yn taflu'r croen dros fy ysgwydd, mi fydda fo'n syrthio ar siap llythyren gynta enw 'nghariad i.

(Yn taflu croen tros ei hysgwydd)

Wiliam:	Y peth tebyca welais i erioed i 'W'.
Richard:	'W'? . . . Be ti'n feddwl 'W'? Tydi honna ddim mwy o 'W' na . . . Sbïwch chi, Meri.
Meri:	Dwi'n gweld y siap yn debyg iawn i 'E' fy hun.
Richard:	'E'?
Meri:	Enw pwy sy'n dechra efo 'E' ys gwn i? Wn i — Edward Puw!
Richard a Wiliam:	Edward Puw! 'R' ydi hon yn siŵr i chi. Edward Puw! Wel 'W' ydi hon.
Meri:	*(Chwerthin)*
Richard a Wiliam:	Tynnu coes ydach chi.

(Chwerthin)

Meri:	Yn tydan ni'n cael hwyl!
Richard:	Ylwch Meri, ddowch chi efo fi i ben y bryn 'na. Mae 'na olygfa fendigedig o'i ben o.
Wiliam:	Wel, pam nad ei di i edrych ar yr olygfa dy hun 'ta, yn lle hongian o gwmpas fel cwsberan?

Richard:	Be wyt ti'n ei feddwl, cwsberan? Mi rydw i wedi bod yn mynd allan ers wythnosau bob pnawn dydd Sul efo Meri.
Wiliam:	Olreit 'ta, gwranda di ar hyn. Dydd Mawrth nesaf mae Meri'n dod i Ŵyl Lafur 'Stiniog efo fi.
Richard:	Ei di ddim i Ŵyl Lafur 'Stiniog siŵr iawn.
Wiliam:	Pwy sy'n mynd i fy rhwystro i, 'ta?
Richard:	Yn tydi Young a'r Arglwydd Penrhyn wedi deud na chawn ni ddim mynd.
Wiliam:	Does dim ots gen i. Mae'n hen draddodiad gan y gweithwyr i fynd i'r Ŵyl Lafur.
Richard:	Dy gosbi gei di, y ffŵl gwirion.
Wiliam:	Gwranda di'r llwfrgi. Mae hi'n hen bryd i rywun herio Mei Lord Penrhyn. Mae o wedi cael ei ffordd ei hun yn rhy hir. Felly, gwna di fel y mynnot ti. Dwi'n mynd i 'Stiniog.
Richard:	O twt lol.
Meri:	Does neb wedi gofyn i mi.
Wiliam:	Ddowch chi, Meri?
Meri:	Dof, ond am heddiw dwi'n mynd am dro efo Richard.

(Exit Meri ar fraich Richard.)

GOLYGFA 6

(Mae Wiliam yn y tŷ. Daw ei fam i mewn.)

Wiliam: Lle buoch chi?

Mam: Wedi bod yn edrych am Jên Ifans y gryduras.

Wiliam: Colled fawr iddi ar ôl Thomas Ifans. Colled fawr i'r Undeb hefyd.

Mam: Undeb!

Wiliam: Be sy'?

Mam   Dim byd.

Wiliam: Roedd Mr Young, y *manager*, yn y chwarel ddoe.

Mam: A sut y gwyddost ti hynny?

Wiliam: Richard ddeudodd wrtha' i. O, wnes i ddim cofio deud wrthach chi, chwaith, mi welais i Anti Meri echdoe. Mae hi'n cofio atoch chi.

Mam: Lle gwelaist ti hi Wiliam?

Wiliam: Ar y ffordd i . . .

Mam: Ie, dwed wrtha' i Wiliam. Ar y ffordd i Ŵyl Lafur 'Stiniog, ynde? Os nag oedd gen ti ddigon o asgwrn cefn i ddweud wrtha' i cyn mynd, siawns fod gen ti ddigon o asgwrn cefn i gyfaddef ar ôl dod nôl.

Wiliam: O, 'dach chi ddim am ddechra sôn am hwnna eto ydach chi? Olreit, mi fûm i yng Ngŵyl Lafur 'Stiniog. Be sy' o'i le ar hynny?

Mam:	Dim byd o'i le ar yr Ŵyl Lafur, siŵr, Wiliam. Ond fyddet ti wedi mynd yno petaet ti'n gwybod y caet ti dy atal rhag gweithio oherwydd hynny? Na fyddet, wrth gwrs.
Wiliam:	Os mai dyna'r cwbl sydd yn eich poeni chi . . .
Mam:	Na, nid hynny sydd yn fy mhoeni i. Be sy'n fy mhoeni i ydi gweld hogia ifanc fel chdi yn cael eu harwain ar gyfeiliorn, a hynny gan bobol a ddylai wybod yn well.
Wiliam:	O ia?
Mam:	Dwn i ddim pwy ydi'r gwaetha, wir, y chi neu George Sholto. Y mae'r naill ochr a'r llall ohonoch chi yn mynnu creu cynnwrf. Ond wnewch chi ddim ennill yn erbyn hwn, wyddoch chi. Does 'na ddim maddeuant yn perthyn iddo fo. Anghofia' i byth am eiriau'i dad o, yr hen Arglwydd, am ei fab. Am ei fab ei hun, cofia di. *'Do not offend George,'* ddwedodd o — yr Arglwydd Penrhyn oedd hwn am ei fab. *'Do not offend George. He will never forgive. He can never forgive.'*
Wiliam:	Ylwch, Mam, pam ydach chi'n sôn am faddeuant bob munud. Be ydan ni wedi ei wneud i orfod gofyn am faddeuant. Nid maddeuant sydd arnom ni ei eisiau ond cyfiawnder, a'r unig ffordd y cawn ni hynny ydi drwy herio'r penaethiaid a thrwy atgyfnerthu'r Undeb.
Mam:	Atgyfnerthu'r Undeb! Dydyn nhw ddim yn cydnabod eich Undeb chi, Wiliam bach. Rydych chi'n lwcus iawn mai dim ond am ddau ddiwrnod y daru o'ch atal chi.
Wiliam:	O ia? Doedd ganddyn nhw ddim hawl i wneud y ffasiwn beth, Mam. Mae'n hen draddodiad i'r gweithwyr fynd i'r Ŵyl Lafur.

Mam:	Wiliam bach i, i be oedd eisiau mynd yno yn y lle cynta? Tydi o ddim yn gwneud y sefyllfa yn y chwarel ddim mymryn gwell. Eich cosbi chi'n waeth wnaiff o rŵan.
Wiliam:	Mi gawn ni weld am hynny yn cawn Mam, achos mae'r gweithwyr wedi penderfynu yn yr Ŵyl Lafur i gymryd cam pendant drwy anfon llythyr at Mei Lord yn rhestru'n cwynion a'i gael o i dderbyn dirprwyaeth. Ac mae hynny'n gais digon teg, yn tydi, Mam?
Mam:	O Wiliam, rwyt ti'n mynd yn debycach i dy dad bob dydd.
Wiliam:	Ond Mam, pam ddyliwn i fodloni ar bethau fel maen nhw a derbyn fy ngwobr yn y Nefoedd? Dwi am gael byd gwell i fagu 'mhlant ynddo fo.
Mam:	Wiliam bach, rwyt ti braidd yn ifanc i sôn am blant on'd wyt?
Wiliam:	Dim mor ifanc â hynny. Mae 'na lot o hogia fy oed i wedi priodi.
Mam:	Oes. Y rhai sydd yn gorfod gwneud.
Wiliam:	Be 'dach chi'n drio ei ddeud. 'Dach chi'n trio deud fod Meri . . .
Mam:	O Meri! Taw! Roeddwn i'n meddwl fod yna ddealltwriaeth rhwng Meri a Richard Roberts?
Wiliam:	Nag oedd . . . Wel . . . oedd! Ers talwm. Ond mae pethau wedi newid rŵan ac mae Meri tu ôl i'r Undeb yma lawn cymaint ag yr ydw inna'.
Mam:	Wel, mi gawn ni weld sut fydd hi'n teimlo pan fydd hi'n wraig i chwarelwr, ynte Wiliam. Paid ag aros ar dy draed yn hwyr. Cofia dy fod ti'n mynd i'r chwarel eto bore fory. Ac os byddi di bum munud yn hwyr, mi fyddan nhw'n atal cyflog diwrnod oddi arnat ti.

(Exit Mam)

57

GOLYGFA 7

(Wiliam yn sgrifennu'n ei ddyddiadur ac yna'n darllen yn uchel.)

Wiliam: Mai, 1896. Gŵyl Lafur 'Stiniog.

Penderfynwyd anfon llythyr at yr Arglwydd Penrhyn yn rhestru'n cwynion. Yn eu plith yr ydym yn protestio'n gryf i'r Arglwydd am y sustem bresennol o osod y chwarel i gontractwyr annibynnol a hynny ar y tir canlynol. Mae'r contractwyr hyn, oherwydd eu diffyg profiad, yn cael hawl i weithio ponciau mewn dull sydd yn aml yn wastraffus, a'r chwarelwyr hefyd yn gorfod bargeinio a dynion sydd yn ceisio yr elw uchaf iddyn nhw'u hunain, yn hytrach nag i'r chwarel yn gyffredinol. Ys gwn i be ddywed yr Arglwydd Penrhyn am hyn?

GOLYGFA 8

(Daw'r Lord a Lady Penrhyn i mewn. Y mae'r Lord yn cario clwb golff. Mae'n codi clwb mewn ystum o daro'r bêl.)

Lord Penrhyn: Fore!

*(Lady Penrhyn yn symud i'r ochr ar frys.
Daw Maldwyn i mewn.)*

Ah! Maldwyn, be a good chap. Get into position and cup your hands. I need a tee. I must get in some practice. I'll show that bugger Young who is the best golfer.

Maldwyn: But sir, I have a letter . . .

Lord Penrhyn: Come on, man. I've already broken every damned ornament in the castle. Do as I say.

Maldwyn: I have a letter from . . .

Lord Penrhyn: Get into position, man.

Maldwyn: Yes, my lordship. Yes, my lordship.

Lady Penrhyn: Oh darling! Careful! Do be careful!

Lord Penrhyn: Silence, Gertrude! You're putting me off my stroke.

Lady Penrhyn: Yes, but darling, sweet my pigeon, think. What if you miss the ball and hit Maldwyn by mistake!

Maldwyn: *O'r nefoedd fawr!*

Lord Penrhyn: Oh, these fellows are hard-headed enough. They won't feel a thing.

Lady Penrhyn: Oh, that's alright then.

Maldwyn: *O peidiwch ddyn!*

Lord Penrhyn: Stop wriggling about like a bloody salmon on the end of a line. Stay put, man.

(*Yn codi'r clwb.*)

Lady Penrhyn: What a lovely stroke!

(*Y bêl yn taro dwylo Maldwyn.*)

Maldwyn: *A! Aw! Aw!*

Lord Penrhyn: Stop dancing like an inebriated baboon. What are you doing here anyway? I never rang for you.

Maldwyn: I have a letter from the quarryment, your lordship.

(*Exit Maldwyn ar frys.*)

Lord Penrhyn: Another damned letter. I've already answered one and given an audience. Not that it did them any good.

(*Yn darllen*)

Good God!

Lady Penrhyn: What dear?

Lord Penrhyn: Do you know what they're saying?

Lady Penrhyn: No, dear.

Lord Penrhyn: They're asking for an explanation why seventy-one of the men have been sacked.

Lady Penrhyn: What men, dear?

Lord Penrhyn: Well you know, the men who signed the first letter.

Lady Penrhyn: What letter, dear?

Lord Penrhyn: The letter asking for an explanation.

Lady Penrhyn: What was the explanation, dear?

Lord Penrhyn:	Good Heavens, insubordination and inciting the men to strike. How dare they! Off with their heads!
Lady Penrhyn:	But darling, sweet, you can't do that sort of thing nowadays. It's not allowed.
Lord Penrhyn:	Well, it jolly well should be allowed. I'll show them. I'll do what I bloody well like. I'll teach them a lesson. I'll lock them out of the damned quarry.
Lady Penrhyn:	What quarry, dear?
Lord Penrhyn:	Oh, get out! Get out!
	(Exit Lady Penrhyn)

GOLYGFA 9

(Wiliam a Lord Penrhyn un bob ochr i'r llwyfan.)

Wiliam: Hydref 28, 1896. Rydym wedi'n cloi allan o'r chwarel ers mis. Rydym wedi gofyn i'r Bwrdd Masnach setlo'r achos.

Lord Penrhyn: *No good is likely to come from any outside interference in the management of my quarries. Since the men have ceased to be in my employment by their own act, there is no-one for whom the conciliator can act.*

Wiliam: Rydym wedi gofyn a fyddai'r Lord yn barod i dderbyn pwyllgor yr Undeb fel llais i siarad dros yr holl weithwyr.

Lord Penrhyn: *I shall continue to contend for the absolute freedom of both employer and employed from any interference or dictation by a committee.*

Wiliam: Tachwedd 1896. Mae llond dwrn o ddynion yn dal i weithio yn y chwarel. Bore 'ma, rhoddwyd tomen o gerrig ar ganol y lein o flaen y trên bach oedd yn eu cludo i'r gwaith.

Lord Penrhyn: *A dastardly attempt was made to wreck the train by those locked out.*

Wiliam: Malwyd ffenestri cabanau'r dynion oedd yn dal i weithio.

Lord Penrhyn: *These men should have a proper police protection to*

	enable them to walk about in peace witout being continually insulted.
Wiliam:	Awst 1897. Aethom yn ôl i'r chwarel heddiw ar ôl un mis ar ddeg, heb ennill dim.
Lord Penrhyn:	*I have no doubt that the results of such a beating will be a lesson to the men in future as to when they are well off. It's most unfortunate that they never seem to realize when they are well off.*
Wiliam:	Ni chafodd pump ar hugain o'r dynion eu gwaith yn ôl.
Lord Penrhyn:	*My promise of no victimisation in no way interferes with my right to dismiss whomsoever I please without giving a reason.*
Wiliam:	Awst 1898. Diwrnod Priodas Meri a finna'.
Lord Penrhyn:	*That doesn't interest me in the slighest. In 1898 my profits were £133,000.*
Wiliam:	Fy nghyflog wythnosol i oedd punt ac wyth swllt. Ebrill 1900. Gorchymyn nad oes neb i gasglu arian Undeb yn y chwarel.
Lord Penrhyn:	*Some men have complained that they have been bullied into paying. From now on, a collection will be made for the British Army in the Transvaal.*
Wiliam:	1900. Yr ydym yn dechrau anesmwytho. Mae'r contractwyr newydd yma yn mynd dan ein croen ni. Mae bargeinio gyda rhain yn saith gwaith gwaeth na bargeinio gydag unrhyw stiward gosod.
Lord Penrhyn:	*Damned good chaps, those new contractors. Saves Young a lot of bother. Now he has no direct contact with the workers.*
Wiliam:	Taflwyd cerrig at Edward Williams, contractiwr amhoblogaidd.
Lord Penrhyn:	*I understand that the rioters have very little sympathy*

from the general body of quarrymen. It is best to ignore the matter.

Wiliam: Mi rydw innau wedi cael llond bol hefyd. Fedra' i ddim atal yn hwy.

Lord Penrhyn: *I'm still ignoring it.*

Wiliam: Ddoe bûm mewn helynt. Ymosododd nifer ohonom ar gontractiwr yn y chwarel. Mae pethau'n flêr yma.

Lord Penrhyn: *Oh dear, what a bore! I suppose I'll have to do something about it.*

Wiliam: Tachwedd 1900. Mae pethau wedi dechrau tawelu unwaith eto. Dim ond tymer hogiau ifanc oedd o.

Lord Penrhyn: *The Chief Constable is absolutely useless.*

Wiliam: Mae'r helynt drosodd rŵan.

Lord Penrhyn: *Send in the army.*
(*Sŵn drwm*)

GOLYGFA 10

(Fel mae curiadau'r drwm yn darfod, daw Meri a Mam Wiliam i mewn.)

Mam: O Meri bach, mae'n braf cael cyrraedd adra. Tarwch yr afalau 'ma ar y bwrdd i mi, gwael. Mi wna' i dartan efo nhw mewn dau funud.

Meri: Mi wna' i dartan i ni, Mrs Huws.

Mam: Na wnewch chi wir, Meri bach. I be ewch chi i ruthro o gwmpas y lle fel gafr ar darannau a chitha'n disgwl babi arall? Lle 'dach chi wedi mynd rŵan, Meri?

Meri: *(O'r tu allan)*

                    Dim ond gwneud panad i ni.

Mam: O, da'r hogan. Dowch â 'ngwaith i drwodd tra rydych chi wrthi, i mi gael rhoi rhyw bwyth yno fo.

                    (Daw Meri i mewn.)

                    'Steddwch, Meri bach, i ni gael rhyw sgwrs bach tra bydd y teciall yn berwi. Dwi'n siŵr y byddwch chi'n falch o weld y babi newydd 'ma'n cyrraedd yn byddwch?

Meri: Peidiwch â sôn am y babi newydd 'ma wir. Mae ganddon ni ddigon i boeni amdano fo hefo'r trwbwl 'ma yn y chwarel. Gobeithio bydd pob dim trosodd erbyn hynny.

Mam:	Mi fydd, wyddoch chi. Rhyw ffrwgwd dros dro oedd y busnes curo Stiwardiaid 'ma. Rhyw lafna' ifanc gwirion. Be ydach chi'n ei ddisgwl yntê?
Meri:	Wel, maen nhw'n gofyn am drwbwl yn penodi Gwyddelod a Saeson yn stiwardiaid yn lle dyrchafu hogia sydd yn deall y gwaith.
Mam:	Ia, wel, fel yna mae hi, a fel yna y bydd hi os na newidith hi.
Meri:	Wel newid wneith hi os ceith Wiliam ei ffordd. Mae o wedi hen 'laru ar y sefyllfa fel y mae hi.
	(Dechrau chwerthin)
Mam:	Be sy' Meri? Ydach chi'n dechrau drysu?
Meri:	Meddwl am yr hogia yn gorfodi Twm Pyrs Bach i ganu 'Rule Britannia' a 'Soldiers of the Queen' i ddangos gymaint o lyffant oedd o, meddan nhw.
Mam:	Be oedd o wedi ei wneud, Meri?
Meri:	Wedi cynnig pleidlais o gydymdeimlad i Lord Penrhyn am i'r Wasg ymosod arno fo yn ystod cyfnod y cload allan.
Wiliam:	(O'r cefn)
	Helô 'na!
	(Daw Wiliam i mewn.)
Mam:	O Wiliam, a ninna'n eistedd fan hyn yn sgwrsio. 'Stedda'n fa'ma, Wiliam. Mi a' i i wneud tartan i ni.
	(Â Mam allan)
Meri:	Be fuoch chi'n ei drafod yn y cyfarfod heno?
Wiliam:	Busnes y milwyr yna ym Mangor.
Meri:	Pwy anfonodd amdanyn nhw?
Wiliam:	Does neb yn gwybod, ond pwy wyt ti'n feddwl?
Meri:	Ond does dim mo'u hangen nhw rŵan nagoes?

Wiliam:	Na, mae'r prif gwnstabl wedi deud mai'r peth gorau i wneud ydi anwybyddu'r peth.
Mam:	*(Yn gweiddi o'r cefn)*
	O Meri bach, dewch yma ar unwaith.
Meri:	Bobol bach! Be sy'?
Mam:	Ond mae yna lond yr hen fala 'ma o gynrhon.
	(Â Meri allan. Daw Sarjant Owen i mewn.)
Sgt Owen:	Oes 'ma bobol?
Wiliam:	Sarjant Owen, dowch i mewn.
Sgt Owen:	Noswaith dda, Wiliam.
Wiliam:	'Steddwch, Sarjant.
Sgt Owen:	Na. Mae'n well gen i beidio. Ydi dy fam o gwmpas.
Wiliam:	Ydi. Mae hi'n y cefn. Mi a' i i weiddi arni hi rŵan.
Sgt Owen:	Na, na. Mae'n well gen i iddi beidio clywad be sy' gen i i'w ddeud.
Wiliam:	Ew! Mi rydach chi'n swnio'n ddifrifol iawn, Sarjant.
Sgt Owen:	Wel, ydi mae o yn fater reit ddifrifol a deud y gwir . . . Ynglŷn â'r busnes yn y chwarel, Wiliam . . .
Wiliam:	Ia, busnes digon annifyr oedd o. Ond dyna fo, mae pethau wedi tawelu eto rŵan.
Sgt Owen:	Wel, ddim yn hollol. A deud y gwir, wedi dŵad yma i ofyn cymwynas rydw i.
Wiliam:	Os fedra' i fod o gymorth i chi Sargant. Be sy'?
Sgt Owen:	*(Yn swyddogol)*
	Yn dilyn y digwyddiadau a'r helyntion yn y chwarel, lle anafwyd Edward Williams, Richard Huws a Thomas Pierce, mi rydw i wedi cael ordors i wysio chwech-ar-hugain o ddynion i

	ymddangos o flaen llys ynadon Bangor ar y chweched o Dachwedd 1900, hynny yw fory.
Wiliam:	Wedi dod yma i f'arestio i ydach chi?
Sgt Owen:	Arestio! Duwadd mawr, naci! Dwi rioed wedi arestio neb yn fy mywyd. Na, dim ond wedi dŵad yma i ofyn a fyddat ti'n fodlon dod i'r stesion bore fory mewn pryd i ddal y trên cynta i Fangor, i ymddangos o flaen y llys.
Wiliam:	O wela' i.

(Yn cymryd y rhestr)

	Pwy arall sy' ar y rhestr Sarjant? Wiliam Tomos, John Wiliams . . . Sarjant, mae gen i ofn nad ydw i'n nabod y rhan fwya o'r rhain. A deud y gwir, wela' i ddim fy enw i ar y rhestr — os nad mai fi ydi Edward Huws Pen-y-Bryn.
Sgt Owen:	Wel, ia. Dyna beth oedd y gymwynas.
Wiliam:	Ew! Ydi Robin Tŷ Isa yn gwybod ei fod o wedi symud i fyw i Fryn yr Ardd?
Sgt Owen:	Wel, nag'di, dyna ydi'r drafferth. Tydi'r enwau ar y rhestr yma ddim yn iawn. A deud y gwir, tydi rhai ohonyn nhw ddim yn bodoli.
Wiliam:	Ac mi rydach chi'n dal eisiau i mi ddod i lawr i'r llys bore fory?
Sgt Owen:	Wel, mi fydda'n osgoi llawer o drafferth i mi, wst ti.
Wiliam:	Wel, tydan ni ddim eisiau eich gweld chi mewn helynt oherwydd y peth yn nagoes Sarjant.
Sgt Owen:	Diolch o galon, Wiliam.
Wiliam:	Gyda llaw, be am yr hogia eraill? Beth oedd eu hymateb nhw?
Sgt Owen:	O'r rhai yr ydw i wedi 'i gweld, does 'na neb wedi gwrthod.

Wiliam:	A chewch chi ddim trafferth efo'r lleill chwaith. Wedi'r cwbwl, fydda' hi ddim yn gwneud y tro i bobl hollol ddiniwed gael eu harestio.
Sgt Owen:	Nos da, Wiliam.
Wiliam:	Mi ddo' i efo chi at y groesffordd, Sarjant.

(Â'r ddau allan.

Clywir Cân y Cload Allan:)

Beth yw'r cynnwrf sydd i'w glywed
Trwy ardaloedd llechi'r wlad?
Mudion dewrion, gweision llafur,
Sydd ym maethdy gwres y gad.
Nid heb achos y mae'r frwydr,
Brwydr am iawnderau yw;
Daliwch ati, peidiwch ildio,
Dewch o'r frwydr eto'n fyw.

GOLYGFA 11

(Daw Richard i mewn gan weiddi.)

Richard: Maen nhw'n rhydd!

(Enter Meri)

Meri! Maen nhw'n rhydd!

Meri: Be? Y cwbwl ohonyn nhw?

Richard: Wel, mi gafodd yna chwech ddirwy, ond dyna i gyd.

Meri: Dwi mor falch. Ond ble mae Wiliam?

Richard: Dwi wedi ei adael o ar ôl y tu allan i'r llys. Dwyt ti ddim yn disgwyl iddo fo ruthro adra ynghanol yr holl orfoleddu, wyt ti?

Meri: *(Heb fod yn gwbwl siŵr.)*

Nag'dw siŵr. Ond deud wrtha' i, be yn union ddigwyddodd?

Richard: Mi roedd hi'n werth cyflog mis jest i glywed y Lloyd George 'ma yn areithio i'r llys.

Meri: Be ddeudodd o?

Richard: Wel, y peth cynta wnaeth o oedd atgoffa'r Llys o'r hyn yr oedd ei frawd o, Wiliam George, wedi ei ddeud wrth y Llys bythefnos yn ôl, sef fod rhestr y cyhuddiedig yn hollol anghywir. A bod y ffaith i chwech ar hugain o'r dynion ddod i'r Llys yn wirfoddol, siarad cyfrolau am gymeriad y dynion hynny. Wedyn, mi aeth ymlaen i nodi erthygl hollol gamarweiniol ynglŷn â'r achos ddaru ymddangos yn y *North Wales Chronicle* a deud mai gwir berchennog y papur hwnnw oedd erlynydd yr achos, sef Lord Penrhyn ei hun.

Meri: Sut gwyddai o hynny?

Richard: Mi oedd o wedi mynd i fyny i Lundain, i Somerset House, i wneud yn siŵr. 'Chlywais i ddim llawer mwy o'r achos llys am fod yr hogia wedi dechra canu y tu allan. Ond mi ddeudodd John Price wrtha' i fod Lloyd George wedi profi yn ddigamsyniol nad oedd yna ronyn o dystiolaeth yn erbyn y rhan fwyaf o'r hogia. Dew, dyn ar y naw ydi'r Lloyd George 'ma. Mae yna ddyfodol disglair i hwnna dwi'n siŵr.

Meri: Am faint y bu'r rheithgor allan?

Richard: Tua awr a hanner, a wedyn dyma'r newyddion yn cyrraedd. Roedd ein hogia ni i gyd yn rhydd!

Meri: (*Ychydig yn bigog*)

            Ia, mae'n braf clywed pawb yn eu galw nhw yn 'hogia ni'.

Richard: Be, hyd yn oed *fi* wyt ti'n feddwl?

Meri: O, Richard.

Richard: Ia, deud o, Meri. Mae'n siŵr bod Wiliam wedi d'atgoffa di am fy niffyg asgwrn cefn sawl gwaith — ddim yn ymuno â'r Undeb ac yn y blaen. Mae o wedi deud wrtha' i i 'ngwyneb yn ddigon aml.

Meri: Yli, Richard, pawb at y peth y bo.

Richard: Ia . . . ia, mae'n debyg. Er cofia di, mae'n debyg y bydd hi yn reit dawel yn y chwarel o hyn ymlaen. Lord Penrhyn wedi dysgu'i wers o'r diwedd. Mi fydd hi yn dipyn haws siarad efo Mei

71

Lord o hyn ymlaen. Mi gawn ni gyfnod o
heddwch rŵan — gei di weld.

Meri: Wyt ti'n meddwl?

(Â Meri allan.)

GOLYGFA 12

Wiliam: *(Yn annerch torf anweledig)*

Gyfeillion. Ga' i eich sylw am funud os gwelwch yn dda, gyfeillion . . . Mae W.H. Williams wedi gofyn i mi ddeud rhyw air neu ddau cyn i ni gychwyn yn ôl i fyny'r dyffryn. Rydan ni wedi ennill brwydr fawr yn y llys yma heddiw. Mae'r gwrthdystiad cadarn, tawel a ddangoswyd gan y miloedd a daeth i lawr i'r llys yma yn brawf, os oedd angen un, fod ardal gyfan yn un yn yr achos hwn. Capelwyr, eglwyswyr, undebwyr, anundebwyr, dynion a merched, hen ac ifanc; rydan ni i gyd efo'n gilydd yn y frwydr. Gadewch i ni fanteisio ar ein hundod i helpu'n gilydd gyfeillion, i gynnal ein gilydd yn y dyddiau llwm, ac i weiddi ag un llais yn y pentre hwn fel bod y byd i gyd yn ein clywed ni.

Trech gwlad nag Arglwydd! Do, mi rydan ni wedi ennill brwydr fawr, ond peidiwch da chi a llaesu dwylo rŵan. Mae 'na un frwydr ar ôl a honno fydd yr ola', gobeithio. Pan awn ni yn ôl i'r chwarel fory, rwy'n cynnig ein bod ni yn gwrthod gweithio hyd nes y ceir gwell dealltwriaeth a'r goruchwylwyr. Ac os gwrthodir hyn, yna rwyf am gynnig ein bod ni yn gadael y chwarel am amser amhenodol a'n bod ni'n aros ar streic hyd nes y cytunir i drafod ein cwynion.

73

Nid chwarae plant fydd y streic nesaf 'ma. Rhaid i ni ddioddef. Rhaid inni beidio â thorri calon. Gobeithio na fydd neb ohonoch chi, ymhen mis, dau fis, chwe mis, yn deud wrth eich gilydd y buasa'n well ichi fynd yn ôl. Os awn ni yn ôl felly y tro hwn, fydd dim pwynt ymladd byth eto. Ofer fydd inni godi cri drwy'r holl deyrnas ac yna mynd yn ôl ar unrhyw delerau. Trech gwlad nag Arglwydd.

(Clywir Cân y Cload Allan:)

Mae eich cwynion yn rhesymol,
Cyfiawn ydynt oll i gyd;
Byddwch wrol i'w hamddiffyn,
Llosged nefoedd, llosged byd!
Er dioddef dros gyfiawnder
Mae eich gwobr eto i chi;
Fe gewch fedi ffrwyth eich diodda,
Bydd eich llwyddiant fel y lli.

Fe fu Pharoah gynt yn poeni'r
Plant yn Israel amser maith;
Yn eu beio a'u caethiwo
Ac yn dyblu a threblu'i gwaith;
Ond pan aeth yn annioddefol
Tynnodd arno wg yr Iôr,
Ac fe'i boddwyd yn yr eigion,
Ac fe'i claddwyd yn y môr.

GOLYGFA 13

(Ar ôl araith Wiliam, daw'r Arglwydd Penrhyn i mewn. Mae Wiliam a'i gefn at y gynulleidfa yng nghefn y llwyfan ac mae Richard yn eistedd ar ochr chwith y llwyfan.)

Lord Penrhyn: *The quarry has now been closed for six months. I am about to re-open it. I am prepared to offer every man a guinea to return to work. This is not intended as a bribe; it is merely a spontaneous gesture on my behalf, a response to the sight of the men's pinched faces.*

(Mae Richard yn codi ac yn derbyn yr arian.)

Lord Penrhyn: *Good chap.*

(Â Lord Penrhyn allan. Daw Wiliam at Richard.)

Wiliam: *(Saib)*

Punt y gynffon!

(Â Richard allan.)

(Clywir Cân y Cload Allan:)

Y mae aml Pharoah eto,
Cas i'w gael yng Nghymru wen;
Gwell yw iddynt hwy ymbwyllo
Neu daw pleuau ar eu pen.
A oes clod i gael trwy ormes?
A wna drais fonheddwr gwiw?
Na wna byth! Hyn sydd wirionedd,
A chofiwch hyn tra byddwch byw.

GOLYGFA 14

(Wiliam a Meri yn y tŷ.)

Wiliam: Dwi'n methu eu deall nhw. Meddylia. Pedwar cant ohonyn nhw wedi mynd yn ôl. Dydyn nhw ddim yn sylweddoli eu bod nhw'n gwanhau achos pob un o'u cydweithwyr? A rŵan Richard! Fy ffrind gora'! Roeddwn i'n teimlo fel tasa fo wedi fy nharo i pan welais i o'n derbyn y sofran yna. Mi fyddwn wedi bod yn barod i ladd unrhyw un fyddai wedi dweud wrtha' i fod Richard wedi troi'n fradwr.

Meri: Wiliam! Paid â dweud y gair yna. Paid â bod mor barod i feirniadu. Wyddost ti ddim be sy'n achosi i'r dynion yma dorri'r streic, na dan pa straen maen nhw.

Wiliam: Mae'r straen yr un fath i ni i gyd. Ond mae'n rhaid i ni sefyll gyda'n gilydd fel dynion, nid sleifio'n ôl at ein meistriaid a'n cynffona rhwng ein coesau. Bradwyr ydyn nhw, beth bynnag ddywedi di.

Meri: Paid â gweiddi, Wiliam. Cofia fod dy fam yn wael.

Wiliam: Sut mae hi heddiw?

Meri: Gwanhau mae hi, mae arna' i ofn. Dwi'n methu rhoi digon o fwyd maethlon iddi gryfhau. Dwi'n poeni'n arw amdani, ac am John bach hefyd. Mae

76

o wedi cael un annwyd ar ôl y llall y gaeaf yma. Dwi'n methu'n glir â chael gwared ar yr hen besychiad sych yna. Wiliam, oes yna unrhyw obaith y daw'r streic yma i ben cyn bo hir?

Wiliam: Dim gobaith ar hyn o bryd. Yn enwedig pan mae pobl run fath â Richard yn torri'r streic. Gwranda arna' i. Dydi o ddim i ddod i'r tŷ yma eto, wyt ti'n deall? Dwi ddim eisiau torri gair ag o. Ond dyna fo, mi wna' i yn siŵr o hynny.

(Wiliam yn ysgrifennu ar ddarn o bapur a'i osod yn y ffenest.)

'Nid oes bradwr yn y tŷ hwn.' Fydd ganddo fo ormod o gywilydd i ddod yma ar ôl hyn. Sut y medra fo wneud y ffasiwn beth? Richard o bawb!

Meri: Wyt ti wedi gorffen dy swper?

Wiliam: Do, diolch. Wyt ti wedi bwyta?

Meri: Mi ges i rywbeth yn gynharach.

Wiliam: Ie, wel, mae'n well i mi fynd. Mae gen i eisiau cael gair gyda Edward Williams cyn i'r cyfarfod ddechra. Fydda' i ddim yn hwyr.

(Yn mynd allan.

Daw Richard i mewn.)

Richard: Oes 'ma bobol?

Meri: Richard!

Richard: Mi ddisgwyliais i nes bod Wiliam wedi mynd allan o'r tŷ. Dwi'n gwybod na faswn i wedi cael llawer o groeso ganddo fo.

Meri: Ddylia chdi ddim fod wedi dod yma, Richard. Dydi Wiliam ddim eisiau i chdi ddod yma.

Richard: Nid i weld Wiliam y dois i, Meri. Roedd yn rhaid i mi gael dy weld ti i egluro, i esbonio pam.

Meri: Dydw i ddim eisiau i ti esbonio. Dwi ddim eisiau

clywad gair am na Undeb na streic, bradwyr na newyn na'r un o'r pethau eraill yr ydw i yn glywad amdanyn nhw o fore gwyn tan nos. Dwi wedi syrffedu arnyn nhw i gyd.

Richard: Paid â chrio, 'nghariad i.

Meri: Mae'n ddrwg gen i, Richard. Dwn i ddim beth ddaeth drosta' i.

Richard: Wel, mi wn i. Rwyt ti wedi dod i ben dy dennyn. Rwyt ti wedi ymlâdd. Dwyt ti ddim yn bwyta'n iawn, yn nag wyt?

Meri: Pwy sydd y dyddia yma?

Richard: Dwi'n dy nabod di yn rhy dda. Mynd heb ddim dy hun er mwyn rhoi mwy i'r lleill ynte?

Meri: Richard, rwyt ti'n gwneud i mi swnio run fath â sant.

Richard: Mi fetia' i 'mod i'n agos iawn i'm lle. Meri, dwi'n gwybod nad wyt ti eisiau siarad am hyn, ond mae'n rhaid i mi gael ei ddeud o. Dwi'n ennill cyflog reit dda erbyn hyn, ac er bod 'na beth yn mynd i gadw Mam, mae 'na dal dipyn bach ar ôl. Dwi am iti gael hwn i brynu bwyd i ti a'r hogyn bach.

Meri: Richard, wyt ti wedi dechra gwirioni? Fedrwn i ddim derbyn yr un geiniog gennyt ti. Dwi'n synnu atat ti'n cynnig y fath beth. Does gen ti mo'r hawl!

Richard: Wrth gwrs fod gen i hawl. Yli, fi ydi dy ffrind hynaf di. Fi gariodd dy frechdana di i'r ysgol ar dy ddiwrnod cynta di. Wyt ti'n cofio . . . ?

Meri: Ydw, a'u bwyta nhw hefyd!

Richard: Dyna fo, 'ta. Mae arna' i frechdana i ti. Yli, mi ddo' i â pharsel i fyny i ti bob diwrnod pae. Chdi

sydd i benderfynu beth i'w wneud hefo fo. Iawn?
Dim gair am y peth.

(Â Richard allan)

GOLYGFA 15

(Daw Meri i mewn yn helpu mam Wiliam i gerdded.)

Meri: Dewch, Mrs Huws bach. Steddwch fan hyn. Mi a' i i wneud panad.

                (Â Meri allan. Yn fuan wedyn, daw Richard i mewn.)

Richard: Helo 'ma!

Mam: O Richard! Ti sy' 'na. Roist ti fraw i mi.

Richard: Meddwl mai Meri oedd 'na. Mi ddo' i yn fy ôl, ylwch.

Mam: Does dim eisiau i ti ddengid, Richard.

                (Yn pesychu)

                Stedda.

Richard: Dydych chi ddim yn swnio rhyw lawer iawn gwell, Mrs Huws.

Mam: Dwi cystal ag y mae modd imi fod, diolch yn fawr, Richard Roberts. Gwranda, Richard, mi rydw i'n gwbod yn iawn be wyt ti'n da yma.

Richard: Be 'dach chi'n feddwl, Mrs Huws?

Mam: Cyfeirio yr ydw i at y parsel yna sydd gen ti dan dy fraich, Richard, a'r gweddill ohonyn nhw yr wyt wedi eu cludo yma dros yr wythnosau diwetha.

Richard: Sut oeddech chi'n gwybod?

Mam: Hidia di befo sut roeddwn i'n gwybod. Y peth pwysig ydi nad ydi Wiliam ddim yn gwybod. Tydi twyll rhwng gŵr a gwraig ddim yn beth iach.

Richard: Er lles pawb yr ydw i'n gwneud hyn, wir i chi, Mrs Huws. Gweld bod 'na ddim cyflog yn dod i fewn i'r tŷ 'ma a phlant yn mynd heb fwyd.

Mam: Wyt ti ddim yn meddwl na fasa eu tad nhw eu hunain yn falch petae o yn medru rhoi bwyd yn eu bolia nhw? Mae o'n torri ei galon wrth eu gweld nhw, ac wrth weld Meri yn gwneud esgusodion byth a beunydd ei bod hi 'wedi bwyta'n barod diolch yn fawr'.

Richard: Mi fedra' Wiliam fynd yn ôl i'r chwarel, Mrs Huws.

(Daw Meri i mewn o'r cefn tra bo Richard yn siarad.)

Meri: A bradychu ei holl egwyddorion a'i gydweithwyr?

Richard: Fel y gwnes i? Ie, dwêd o, Meri. Fi oedd yn arfer bod ei ffrind gora' fo, medda fo, cyn i mi ei fradychu o. Dwi ddim yn ddyn peniog fel dy ŵr di, wsti, ac mae 'na lot o betha dwi ddim yn eu deall, ond dyw o ddim yn cymryd llawer o sgolar i ddeall na fedrith pobl ddim byw ar y gwynt. 'Chydig iawn wyt ti'n adael i mi ei roi i ti, Meri. Efallai mai ychydig sy' gen i i'w roi o'i gymharu â Wiliam, ond yr hyn sy' gen i i'w roi, dwi'n ei gynnig o mewn cariad. Dwi'n erfyn arnat ti.

Meri: Fedra' i ddim cymryd dim rhagor gen ti, Richard. Wna' i ddim gwadu na wn i ddim sut y buaswn i wedi dal dau ben llinyn ynghyd dros yr wythnosa diwetha 'ma oni bai amdanat ti, ond dyna fo.

Richard: Dyna fo, be?

Meri: Teimlo rydw i 'mod i'n bradychu Wiliam.

               (*Wiliam yn galw o'r cefn*)

Wiliam: Helô!

Richard: Mae'n well i mi fynd.

               (*Daw Wiliam i mewn.*

               Saib annifyr.)

Wiliam: Mi glywais i syniad da, heddiw, Meri, cystal â'r
               un yr ydw i wedi ei glywed am wn i. Wyddost
               beth oedd o, Meri? Rhywun yn cynnig ein bod
               ni'n crogi pob bradwr ar Graich Ucha ac yn
               gadael eu cyrff i'r cigfrain.

Meri: Taw, Wiliam. Mae Richard yn ffrind.

Wiliam: Ffrind! Wyddost ti ddim be wyt ti'n ei ddweud,
               Meri. Bradwr ydi o. Un o'r giwaid felltith yna
               sydd wedi gwerthu eu brodyr am ddeg darn ar
               hugain o arian. Cachgi llwfr ydi o yn cynffona i'r
               crach. Roeddwn i'n arfer meddwl erstalwm na
               doedd 'na ddim y ffasiwn beth â chwarelwr sâl,
               ond, myn diawl, dwi wedi gweld un rŵan. Faint o
               ddynoliaeth ac urddas sydd ar ôl mewn dyn fel
               hwn. Bradwr!

Mam: Rhag dy gywilydd di, Wiliam. Feddyliais i rioed
               y clywn i'r gair yna yn cael ei ddefnyddio yn y tŷ
               hwn.

Wiliam: Byddwch ddistaw, Mam. Mater rhwng Richard
               Roberts a mi ydi hwn.

Mam: O naci. Dyna lle rwyt ti'n camgymeryd. Sawl
               gwaith ydw i wedi gwrando arnat ti yn pregethu
               ynglŷn â'r Undeb? Y bobl gyffredin yn un teulu
               mawr, medda ti. Pawb yn ddibynol ar ei gilydd; y
               cry yn ddistiau i'r gwan. Be sydd wedi digwydd

i'r syniadau yna rŵan? Ydi dy frawd wedi troi'n
sarff dros nos?

Wiliam: Dyna'n union beth sydd wedi digwydd. Mae
dynion fel Richard yn dinistrio ein cadernid . . .

Mam: Dinistrio? Hogyn fatha Richard yn dinistrio?
Gwranda arna' i Wiliam. Mae'n hen bryd i ti
wynebu rhai ffeithiau. Mae'n bryd i ti godi dy ben
o dywod mân dy egwyddorion. Meddylia, hogyn,
am un waith be sy'n digwydd ar dy stepan drws di
dy hun. Wyt ti'n meddwl am eiliad mai'r tipyn
arian o'r *Funds* yr wyt ti yn ddod adre sy'n ein
cynnal ni?

Wiliam: Be 'dach chi'n feddwl?

Richard: Mae'n well i mi fynd.

Mam: Na, aros. Mae'n rhaid i ni glirio'r aer. Rydw i
wedi cadw'n dawel yn rhy hir. Rwyt ti'n fab i mi,
Wiliam, ac mi rydw i'n dy nabod di, greda' i, yn
well na neb. Mae 'na rinweddau mawr yn perthyn
i ti, Wiliam. Mae dy gryfder di wedi dy gadw yn
ffyddlon, a dy natur anhunanol wedi dy gadw
rhag derbyn dim ond y mymryn lleiaf at dy
ofynion oddi wrth y *Funds*. Ond ystyria,
'machgen i, ystyria dy deulu. Mae dy natur
unionsyth wedi dy ddallu di i beth sydd yn mynd
ymlaen o bob tu. Wyneba ffeithiau, Wiliam. Oni
bai am Richard, mi fydda dy blant bach di yn
llwgu. Mae o wedi cludo bwyd i'r tŷ yma gyda'i
arian prin ers wythnosau.

Wiliam: Richard Roberts!

Mam: Ia. Richard Roberts. Yr un un Richard Roberts
fyddai'n eistedd wrth d'ochr di yn 'rysgol a
chopïo dy syms di. Yr un un Richard Roberts y
byddat ti'n llowcio dy swper er mwyn cael mynd

allan i chwarae efo fo. A'r un un Richard Roberts a alwaist ti yn 'fradwr' dim ond dau funud yn ôl.

Wiliam: Ydi hyn yn wir, Meri?

Mam: Mae'n ddrwg gen i, bobl ifanc, ond mae'r hen streic yma wedi dod â phethau aflan i mewn i'n cymdeithas ni. Ceisiwch bwytho'r rhwyg er ein lles i gyd.

(Â Mam allan.)

Richard: Gwranda, Wiliam. Dwi am i ti wybod nad oedd Meri . . .

Wiliam: Dos allan!

Richard: Cofia, Meri, os oes unrhyw beth fedra' i wneud . . .

(Â Richard allan.
Distawrwydd am hir.)

Meri: Mae'n ddrwg gen i.

(Wiliam yn dweud dim.)

Meri: Does dim arall fedra' i ddweud am wn i.

(Wiliam yn cymryd ei llaw.)

Wiliam: Na, paid ag ymddiheuro. Fe ddyliwn i fod wedi sylweddoli. Dwi wedi dy esgeuluso di, ti a'r plant. Ond mi newidith pethau o hyn ymlaen. Dwi wedi gwynebu droeon i fynd yr un ffordd â rhai o'r lleill. Mae'r amser wedi dod.

(Mae'n cymryd ei fag chwarel a chasglu ei dipyn pethau at ei gilydd — tun bwyd, offer, a.y.y.b.)

Meri: Wyt ti am i mi weiddi ar y plant i mewn?

Wiliam: Na, gad iddyn nhw. Mae o'n gam digon anodd heb orfod ffarwelio â'r plant.

(Saib)

Paid ag edrych mor ddigalon, yr hen chwaer. Meddylia pa mor falch fydd Mam pan glywith hi fod 'na ddyn yn ennill pres yn y tŷ yma unwaith yn rhagor. A wyddost ti ddim hwyrach y ca' i dŷ lojin yn y Sowth drws nesa i Keir Hardy ei hun.

(Â Wiliam allan)

Meri: *(Wrth ei hunan)*

Dwi'n dy garu di, Wiliam.

(Clywir Cân Hiraeth am Fethesda:)

Mae hiraeth fel cleddau'n trywannu asennau
Pan gofiaf am Wynedd, fy hoff gartre gynt;
Rwy'n cofio ei llynnoedd a'i gloywon ddyffrynoedd,
A chopa'r mynyddoedd, pan awn ar fy hynt.
Rwy'n cofio Bethesda, hon ydyw'r dre hardda'
A welais yn unlle lle'r euthum am dro;
O na chawn fod yno, ar nos Sadwrn setlo,
Yn lle bod yn cloddio yng nghanol y glo.

GOLYGFA 16

(Wiliam a Meri ar y llwyfan, un bob ochr)

Wiliam: *(Yn darllen y llythyr yn uchel)*

> 12, Merthyr Road,
> Rhondda Fawr,
> South Wales.
>
> Ebrill 3, 1903

F'annwyl Briod,

Dwi wedi penderfynu dechrau pob llythyr atat fel yna o hyn ymlaen: 'F'annwyl Briod'. Wyddost ti ddim pa mor braf ydi cofio amdanoch: gwraig a mam a phlant — teulu bach.

Mi fydd gen i gymaint o hiraeth weithiau nes bydda' i'n trio anghofio bod gen i deulu. Wyddost ti, mi fyddai'n sôn cymaint amdanoch chi wrth yr hogia yn y pwll nes eu bod nhw wedi mynd i 'ngalw i yn *'Wiliam Lovely-family-up-north'*. Hen hogia clên ydyn nhw hefyd, ac wedi dod o bob cwr o'r byd i weithio yma hyd y gwela' i. Diwrnod o'r blaen, mi welodd Nedw a Wil Ty'n y Gongl a finna ddyn du am y tro cynta erioed. 'Be 'di hwnna?' medda Wil. 'Wedi bod lawr y pwll yn rhy hir mae o,' medda Nedw. 'Fel'na y byddwn ninnau mewn rhyw ddwy flynedd.' Wyddost ti be — mi aeth Wil yn ddigon distaw.

Mae'r tŷ lojin yn eitha glân a Mrs Protheroe yn

ddigon clên, ond bobl bach, mae hi'n gwc ddifrifol. Fasa Mam a chdi yn cael ffit biws tasach chi'n blasu 'i bwyd hi. Wyddost ti, mae hyd yn oed y ddrudwy yn yr ardd yn troi trwyn ar ei 'phastry' hi. Wst ti be gaethon ni i frecwast y diwrnod o'r blaen. Meddylia! Gwymon! 'Maen nhw yn bwyta lot o'r gwymon 'ma lawr Sowth,' medda Wil. 'Maen nhw'n deud ei fod o'n faethlon iawn.' 'Maethlon, wir!' medda' Nedw. 'Mi fyddai'n well gen i fyta . . . ' Ond wna' i ddim dweud wrthat ti be ddeudodd o!

Beth bynnag, dyna ddigon amdana' i. Sut mae pethau efo ti? Rho gusan drosta' i i'r plant. A dwed wrth Mam 'mod i'n dyheu am gael bod yn ôl yn deulu bach unwaith eto. O ia! Dwed wrth Mam hefyd os fydda' i wedi cael rhyw fymryn wrth gefn, hwyrach y medra' i ddod adra 'cw Dolig. Mae yna ddiwrnod yn rhydd Dolig, meddai'r hogia.

Cofion anwylaf,
Wiliam.

Meri: (*Yn darllen y llythyr yn uchel*)

> 3 Hendre Close,
> Bethesda,
> Caernarvonshire,
> North Wales.

Annwyl Wiliam,

Mae hi'n amser swper nos Sul a finna'n eistedd yn dy gadair di yn ysgrifennu atat. Estynnais y papur a'r bensel allan bore 'ma ac ysgrifennais 'Annwyl Wiliam', ond wedi syllu ar y papur am beth amser — rhoddais ef o'r neilltu.

Wyt ti'n cofio fel y byddai Robert Owen yn

dweud yn y Seiat ers talwm, Wiliam, cyn torri newyddion drwg — 'gorchwyl anodd iawn sydd yn dod i'm rhan heno.' Yr un peth ydi hi arna' i, mae arna' i ofn. 'Gynigiodd y Gweinidog sgrifennu atat i ddweud fod dy fam wedi marw. Mi aeth yn sydyn yn ystod y nos neithiwr. Yr oedd hi fel petai'n well amser swper a chymerais wydriad o laeth enwyn i fyny iddi. Ac er mawr syndod i mi, mi orffennodd hi'r gwydriad am y tro cyntaf ers wythnosau. 'Rhagorol, 'ngeneth i,' medda' hi. 'Dwi wedi blasu diod waeth lawer tro. Dowch â'r cwilt imi, Meri, er mwyn imi fedru ei orffen o.' 'Orffennwch chi ddim mohono fo heno,' meddwn inna. 'Os mai dechra gwaith ydi ei orffen o, yna mi gorffenna' i o,' medda hithau, yn siarp i gyd fel y gallai hi fod. Ac yno y gadewais i hi yn pwytho'n ara deg.

Aeth y plant a minna i'n gwelyau. Ers wythnosau bellach, rwyf wedi bod yn codi ati ddwy waith neu dair yn y nos, ac ar ôl bod yn hepian am ryw deirawr, dyma fi draw i'r siambar, a dyna lle roedd hi'n gorwedd, a'r cwilt wedi ei blygu'n daclus ac wedi ei orffen. 'Cymerwch o, Meri,' medda hi. 'Chi pia fo.' 'I mi?' meddwn inna'n hurt. 'Ia,' medda hithau. 'Dach chi ddim yn meddwl y rhown i o i unrhyw un arall ydych chi?' Ac mi aeth yn dawel yn fy mreichia' i.

Wel, dyna ti wedi cael yr hanes, Wiliam. Mae pawb wedi bod tu hwnt o ffeind a threfnodd y Gweinidog y cynhebrwng ar gyfer dydd Mercher. Roedd dy fam wedi llwyddo i gael mymryn wrth law at ei chladdu, meddai'r Gweiniodg, felly paid ti â phoeni am ymdrechu i yrru rhagor o arian na dim byd felly. Mi fyddwn ni'n iawn.

Edrych ar ôl dy hun, Wiliam. Mi fydda' i'n meddwl amdanat ti nos a dydd. Nid testun canu barddoniaeth ydi hiraeth, naci Wiliam? Mae hiraeth yn merwino'r corff i gyd. Peth melltigedig ydi o.

Dy annwyl briod,
Meri.

GOLYGFA 17

(Daw Meri Lisi i mewn. Mae hi wedi dod at Meri i fysnesu ynglŷn â threfniadau'r cynhebrwng.)

Meri Lisi:	Iw-hŵ! Oes 'ma bobol? Peidiwch â styrbio. Fi sy' 'ma.
Meri:	*(yn ochneidio)*
	O diar, diar.
Meri Lisi:	Yn fa'ma 'dach chi, Meri bach, â'ch pen yn eich plu. Dewch rŵan. Thâl hi ddim i fod yn ddigalon. Roedd hi'n fendith i'r greadures gael mynd. 'Dach chi wedi bod yn angel iddi hi, Meri fach; fasa neb wedi medru gwneud dim mwy iddi hi a chitha ddim yn perthyn ond drwy briodas. Synnu rydw i wir bod Wiliam wedi mynd i'r Sowth ac ynta'n gwybod bod ei fam mor wael, a chitha â'ch dwylo'n llawn efo'r plant. Ond dyna fo, ddim fy lle i ydi beirniadu, naci Meri bach, a faswn i ddim yn lecio'ch gweld chi yn beio'ch hun am ddim byd sydd wedi digwydd. Ylwch, wedi dod yma yr ydw i i edrych oes na *rwbath* fedra' i wneud i helpu, *rwbath*, peidiwch â bod ofn dweud, Meri. Dyna be ma' ffrindiau'n da.
Meri:	Diolch yn fawr, Meri Lisi, ond dwi wedi gweld ynglŷn â'r rhan fwyaf o'r trefniadau. Ond mi fasa panad bach o de yn dda.

Meri Lisi:	*(Yn eistedd)*

O, mi fasa. Diolch o galon, Meri, mi gymera i un. Mae 'ngheg i'n grimp. Mi faswn i'n medru yfad yr afon Ogwan.

(Meri yn gorfod codi i hwylio panad.)

O, bron i mi anghofio. Dwi wedi dod â thorth gyrains i chi at y cynhebrwng, rhywbeth bach i helpu allan 'te. Dwn i ddim sut beth ydi hi cofiwch.

(Yn pigo)

O, mae hi'n reit neis. Ydach chi wedi clywad rhywbath gan Wiliam rŵan, Meri? Mae o'n un parod iawn i lythyru, tydi, fel yr oedd o yr amser hwnnw efo Lord Penrhyn. Yr hen lythyr hwnnw ddechreuodd yr holl helynt. 'Dach chi wedi cael amser anodd iawn efo fo, Meri fach. Do, wir. Mae egwyddór yn beth sownd iawn, Meri, ond mae o'n beth cythreulig o anodd i fyw efo fo. 'Dach chi'n well hebddo fo, wyddoch chi, Meri.

(Wiliam yn dod i fewn)

Meri Lisi:	*(Heb weld Wiliam)*

Heblaw ei bod hi'n unig heb ddyn, ynte Meri. Dwn i ddim be faswn i wedi ei wneud ar ôl i'r gŵr acw farw wir, heblaw bod yr hen gi bach gen i. Be wneith rhywun te? Diodda'n ddistaw fydda' i wir, Meri bach. Ond dyna fo, mae Richard Roberts wedi bod yn gysur mawr i chi yn do. Hogyn clen fuo Richard erioed a mae o'n ddyn clên rŵan. Dydi o ddim wedi newid dim.

Wiliam:	A 'dach chitha ddim wedi newid dim, Meri Lisi. Mae'ch tafod chi mor wenwynllyd ag y buo fo erioed.
Meri:	Wiliam!

Wiliam:	*(Wrth Meri Lisi)*
	Brysiwch i ledaenu'r stori, da chi, cyn i rywun achub y blaen arnoch chi.
	(Meri Lisi yn mynd allan ar frys)
Meri:	Wiliam! Pan na fasat ti'n sgwennu i ddweud bod chdi'n dod?
Wiliam:	Doedd 'na ddim amsar, Meri. Penderfynu'n sydyn wnes i.
Meri:	Dwi mor falch y byddi di yma dros y cynhebrwng. Pryd sydd raid i ti fynd yn ôl?
	(Saib)
Wiliam:	Dwi ddim yn mynd yn ôl i'r Sowth. Dwi am fynd yn ôl i'r chwarel, Meri.
Meri:	Ond Wiliam, rwyt ti'n bradychu dy holl egwyddorion os gwnei di hynny.
Wiliam:	Dwi wedi cael lot o amser i feddwl lawr yn y Sowth 'na, Meri, a tydi egwyddorion ddim yn rhoi bwyd ym mol neb.
Meri:	Rwyt ti wedi newid, Wiliam.
Wiliam:	Helpa fi, Meri.
	(Meri yn mynd ato)
Meri:	Dwed un peth wrtha' i, Wiliam. Nid oherwydd Richard y gwnest ti hyn?
Wiliam:	Yn rhannol efallai.
Meri:	Doedd yna ddim byd rhwng Richard a fi, wsti.
Wiliam:	Na, wn i.
	(Yn rhwygo'r darn o bapur yn y ffenest — 'Nid oes bradwr yn y tŷ hwn.')
Meri:	Beth bynnag ddywed neb arall, Wiliam, mi wn i nad oes bradwr yn y tŷ hwn.
Wiliam:	Swper chwarel fel arfer heno, Meri.

(Daw'r Ocsiwnïar i mewn a chamu i flaen y llwyfan. Mae Wiliam yn mynd ato, rhoi iddo ei offer chwarel ac yna mae Wiliam a Meri yn camu i gefn y llwyfan un bob ochr i'r Ocsiwnïar.)

Ocsiwnïar: Well, here we are then, ready to start the sale. Item one: a quarryman's diary, a food-tin and a set of quarrymen's tools. What am I bid? Five pounds? Do I have five? Yes, sir, ten pounds, fifteen pounds, do we have any advance on fifteen? Seventeen, eighteen.

Llais o'r Cefn: Twenty pounds.

Ocsiwnïar: Twenty, twenty, last time twenty pounds. And sold!

'BARGEN' — CHWIP O SIOE

Eifion Glyn yn adolygu 'Bargan' — sioe gan Theatr Bara Caws sy' wedi cael ei pherfformio 14 o weithiau led led Gwynedd yn ystod y tair wythnos diwethaf.

Cymerwyd rhan yn y sioe gan Elliw Haf, Valmai Jones, Myrddin Jones, J. O. Jones a Dyfan Roberts. Y cynhyrchydd oedd Iola Gregory, Catrin Edwards yn Drefnydd Cerdd a Rheolwr Llwyfan. Trefnydd y Cwmni yw Alwyn Ifans.

Nos Fawrth, Chwefror 20. Neuadd bentref Waunfawr yn orffordus lawn. Theatr Bara Caws yno yn cyflwyno drama a selliwyd ar streic fawr chwarel y Penrhyn.

Ped ofynnwyd i mi at ddydd daigan bwyso — dydd daiganoll, a'r wasg Seisnig yn giafoerio oherwydd ddiangosiad y Cymddros y tipyn cynul?

Trist

Wedi larun ulw ar y dadisurddadeulwyn i 'costio gormodd' 'mwy o fiwrocratiaeth', a rhyw gybol felly. Cyrraedd pen fy nhenynn wrth glywed rhyw sôn am hawliau Swydd Efrog.

Neb yn iôn ein bod rn'n gweedl, efo laith, llwyfilant a hanes ein butu?

Sioe wedi eu seilio ar rm o'r hanes hwnnw oedd gan Theatr Bara Caws. Hanes chwarelwyr Bethesda yn cael eu camdrin gan y teulu chwarela, y cyfoethog chwarel. Fo glwydd Penrhyn. Ar y cywfrod-cydnabod Undeb y Chwarelwyr a'r gweithwyr yn streicio oherwydd cyfwyniad gweiddiol a'r deunydd o ddechwelyd i'r chwarel ar ôl tair blynedd o

fyw ar wellt ac gwelyau heb fod fodfedd nes i'r lan. Cyrhaedd eyff lelybiaethau o'r gwefrwyr Bangor. Gweld hanes y streic yn felcrocsom o'n hanes fel cenedl.

Sioe drist yw 'Bargen'. Roedd ingia'r pa llaith sel'r o'r dasr Faith's streic ar deulu nodweddiadol o Fethesda a gafwyd. Llwyddwyd i biethu'r pyrdig a'r doniog, ef golygfeydd yn hynod getliad un grefanfa gefanwaith. Caneuon a ddefnyddiwyd yn aml fel dolen gyswllt — rheini yn cael eu perfformio'n ddiffwdan ond digon celfydd gan drefnydd cerdd y sioe, Catrin Edwards.

berthnasol, o tewn profiad y gynulleidfa. Hr actlonau'u hunain a'r antenodd y sgript a gwnaed ymchwil manwl i'r cefndir.

Cyfres o olygfeydd byrlog o gwmpas ef eu hunain a ddaclu nodweddiadol o Fethesda a gafwyd. Llwyddwyd i biethu'r pyrdig a'r doniog, ef golygfeydd yn hynod getliad un grefanfa gefanwaith.

Aty bobol

Roedd o'n sgfwyniad graenus ag ôl chwsmaeth wedi ei gyflwyniad gweiddiol ar y deunydd yn bobol yw'r athron-

iaeth tu ôl i theatr gymunec oherwydd obbyciadau ymarferol meddylifryd felly, ychydig iawn o ffrills a ddefnyddiwyd. Roedd y set yn gynnil a'r golau'n gymwir, cael ei deunydd yr oedd y pwyslais.

Cafwyd perfformiad gwenith ore gan actolau gan bob un o'r cast — anhec fydal nelltuo unigolyn, ac roedd yn rhai i'r rhan fwyaf ohonyt chwaraeur mwy nag un cymeriad.

Llawn amser

Sioe fachog, yn procio — roedd bod yn un o'r gymulleidfa yn

'brofiad theatrig' yn wir ystyr y term penagored hwnnw.

Derbyniodd y cwmni grant gan Gyngor Celfyddyau a Chymdeithas Celfydydyau'r Gogledd i greu'r sioe hon. Mae'r ddau gorff hwnnw wedi bod yn ddigon hael eu cefnog unwaith am nodi'r celfyddyd 'uchel ael' felly dydd o ddim ond teg rhoi gair o ganmoliaeth pan mae hynny'n dellwng.

Bydd Bara a Caws yn mynd o amgylch ysgolion uwchradd Gwynedd gyda'u cynhyrchiad nesaf — 'Antur iaethau Sel. U. Lloyd' — sioe gerddorol ar gyfer ieuenctid.

Gwireddu

Gobaith y cwmni yw sefydlu canolfan theatr yng Ngwynedd. Rhan o gynllun addewid. 'Ceifa y mwy yn addewid hwnnw yn 'Bargan'. Gobeithio yr ydw i y gwireddir dyhead y cwmni, ac y cawn theatr gymunedol amser llawn yng Ngwynedd. Fe wnai o fyd o les i ferddwr y ddrama Gymraeg.

Mynd a'r theatr at y bobl

Mae cwmni theatr gymuned yng Ngwynedd wedi derbyn grant gan Gyngor Celfyddyd- au Cymru a Chymdeithas Celfyddydau Gogledd Cymru fydd yn galluogi i weithio fel cwmni llawn amser am dri mis.

Grŵp o actorion a cherddorion proffes- iynol o Wynedd yw Theatr Bara Caws. Ffurfiwyd y cwmni yn ystod haf 1977 ac ers hynny maen nhw wedi cyflwyno wyth gwahanol gynhyrch- iad gan gynnwys y rifíw boblogaidd 'Croeso i'r Roial' a'r sioe blant 'Hic Hip Pippi'.

Rydan ni'n bwriadu gwneud dau gynhyrch- iad yn ystod y tri mis yma', meddai Dyfan Roberts un o'r actor- ion ac un o'r rhai a sefydlodd y cwmni yn y lle cyntaf. 'Y syniad tu ôl i'r sefydlu theatr gymuned ydi ein bod ni'n mynd a'r theatr yn ôl at ei gwreiddiau. Mynd a'r theatr at y bobl yn hytrach na disgwyl i'r bobol ddod i'r theatr. Mynd ym ôl i Twm o'r Nant os lec- iwch chi'.

Y cynhyrchiad cyn- tan y cwmni fydd 'Bargen y Sioe adon- fedd', a ffars

ar brydiau yw 'Bar- gen' wedi ei seilio ar ddiwydiant a ddylan- wadodd ar ton bob person yng Ngwyn- edd — y chwareli.

'Rydan ni wedi gwneud dipyn o waith ymchwil i'r sioe yma' meddai Valmai Jones 'ac rydym wedi dysgu sgriptio ar y cyd'.

Mae cyflwynwyr 'Bargen' yn cynnwys Eiliw Haf, Myrddin Jones, Valmai Jones, Iola Gregory a Dyfan Roberts ei hun, a byddant yn crwydro neuaddau pentref Gwynedd gyda'r sioe o Chwefror 5 hyd Chwefror 24. Maen nhw eisoes wedi der-

byn pymtheg gwahoddiad gan wahanol gymdeithas- au yng Ngwynedd.

Ail gynhyrchiad Theatr Bara Caws yn ystod y tri mis fydd Anturiaethau Sel. U. Lloyd — sioe ar gyfer pobl ifanc yn bennaf.

Miwsical gyfoes llawn hiwmor yw hi, a bydd y cwmni yn mynd a hi o amgylch Gwyn- edd am bron dair wythnos.

Mae't cwmni â'u bryd ar sefydlu Theatr Bara Caws yn theatr gymuned annibynnol llawn amser.

I'R GOLAU
Cyfres Dramâu Cyfoes

BARGEN gan Theatr Bara Caws
PERTHYN gan Meic Povey
LENI gan Dewi Wyn Williams

£3.75 yr un
Gwasg Carreg Gwalch, Iard yr Orsaf, Llanrwst